Jürg Kollbrunner

Psychosoziale Beratung in Therapieberufen

Zum Autor

Dr. phil. Jürg Kollbrunner arbeitete bis zu seiner Pensionierung vor vier Jahren als Psychotherapeut, Klinischer Psychologe und Psychoonkologe an der HNO-Klinik der Universität Bern. Er ist Autor zahlreicher Bücher und Fachbeiträge.

Jürg Kollbrunner

Psychosoziale Beratung in Therapieberufen

Schulz-Kirchner Verlag

Bibliografische Information der Deutschen Nationalbibliothek
Die Deutsche Nationalbibliothek verzeichnet diese Publikation in der Deutschen Nationalbibliografie; detaillierte bibliografische Daten sind im Internet über http://dnb.d-nb.de abrufbar.

1. Auflage 2017
ISBN: 978-3-8248-1215-8
eISBN: 978-3-8248-9995-1

Mollweg 2, D-65510 Idstein
Vertretungsberechtigte Geschäftsführer:
Dr. Ullrich Schulz-Kirchner, Nicole Eitel
Titelfoto: © pixarno – Fotolia
Lektorat: Doris Zimmermann
Umschlagentwurf und Layout: Petra Jeck
Druck und Bindung:
TZ Verlag & Print GmbH, Bruchwiesenweg 19, 64380 Roßdorf
Printed in Germany

Die Dialogbeispiele auf den Seiten 39f, 48f, 62, 67, 68 wurden entnommen aus Michael M. Lippka, Leitfaden Kommunikation im therapeutischen Alltag. 1. Auflage 2015. Wir danken der Elsevier GmbH, Urban & Fischer für die Abdruckerlaubnis.

Inhalt

Vorwort

Krankheiten haben körperliche, psychische und soziale Ursachen und Folgen, die sich gegenseitig beeinflussen. Im Gesundheitswesen tätige Therapeutinnen und Therapeuten sind somit nicht nur mit Krankheiten konfrontiert, sondern mit Menschen, die leiden und dabei körperliche, psychische, soziale und existentielle Veränderungen erleben, die für die Behandlung und den Verlauf bedeutend sind. Umfassende Betreuung ist deshalb notwendig und wünschenswert.

Psychische und soziale Dimensionen und natürlich auch körperliches Erleben prägen die subjektive Erfahrung, krank zu sein. Diese Erfahrung kann nicht gemessen und objektiviert werden. Sie kann hingegen beobachtet oder in einem einfühlsamen Gespräch erfahren werden. Die Bereitschaft des kranken Menschen, sich zu offenbaren wird ganz wesentlich durch die Haltung und Gesprächsführung der Therapeuten beeinflusst.

Was gefällt mir ganz besonders an dem von Jürg Kollbrunner verfassten Buch über die psychosoziale Beratung in Therapieberufen? Sein Plädoyer, die strikte Trennung zwischen Psychotherapie und Beratung aufzuheben. Dabei stellt der Autor die Unterschiede (Indikationen, Arbeitsweise, Kompetenzen und Qualifikationen) zwischen Psychotherapie und Beratung klar dar; er weist aber gleichzeitig darauf hin, dass Berater durchaus in der Lage sind, sich eine psychotherapeutische Haltung anzueignen, welche ihnen ihre Aufgaben erleichtert und sich auf den kranken Menschen positiv auswirkt.

Der Autor verfällt nicht der weit verbreiteten Tendenz zu vereinfachen; standardisierte Gesprächsführung und allgemein gültige Ratschläge sind ihm zuwider. Er scheut sich hingegen nicht, Haltungen in der Gesprächsführung, die sich negativ auswirken, zu benennen und dazu Alternativen vorzustellen. Dabei regt er zum Nachdenken an: über sich selbst, das Kranksein, die Einstellung zu unseren Berufen, unsere Beziehungen mit Kranken und ihren Familien ...

Sehr aufschlussreiche Beispiele illustrieren und ergänzen die konzeptuellen Überlegungen zur Gesprächsführung und lassen die große klinische Erfahrung und Kompetenz des im Gesundheitswesen tätigen Psychotherapeuten erahnen.

Als Autor zeichnet sich Jürg Kollbrunner durch eine klare Sprache aus und durch seine direkte Art, Probleme und gangbare Lösungen aufzuzeigen. Gleichzeitig regt er den Leser an, sich infrage zu stellen und über sich und sein Berufsverständnis nachzudenken. Nicht nur Therapeut und Autor werden beim Lesen spürbar, auch die Persönlichkeit von Jürg Kollbrunner erscheint zwischen den Zeilen: sein Vertrauen in den Menschen, Sinnhaftigkeit im Erleben zu suchen und zu finden, sein Bekenntnis zum Respekt vor der Einzigartigkeit jeder Person und seine Zuversicht in die Möglichkeiten der Therapeuten und der Kranken, sich zu entwickeln.

Mit anderen Worten: Das Buch vermittelt nicht nur Wissen und Anleitung, es vermittelt auch, wie die therapeutische Haltung den beruflichen Werdegang der Berater, ihre beruflichen Begegnungen und Gespräche und das Wohlergehen der Kranken beeinflusst. In der Beratung sind berufliche und menschliche Haltung nicht trennbar. Dies zu vermitteln, ist dem Autor in diesem Buch geglückt.

Im Juni 2017

Prof. Friedrich Stiefel, Chef de Service
Service de Psychiatrie de Liaison
CHUV, Lausanne

Einleitung

Viele Therapeutinnen und Therapeuten in den Gesundheitsbereichen Logopädie, Physiotherapie, Ergotherapie, Ernährungsberatung und Mütterberatung wünschen sich mehr und in der Praxis besser verwendbare Kenntnisse in der Beratung. Dies aus drei Gründen:

Erstens werden in den Grundausbildungen der meisten Gesundheitsberufe zwar einige Prinzipien der Beratung vermittelt, zum Beispiel zur nichtdirektiven Gesprächsführung nach Rogers, aber Kenntnisse und Fertigkeiten, wie diese im Praxisalltag umgesetzt werden können, werden kaum systematisch gelehrt, obwohl die Kommunikation in diesen Berufszweigen eine entscheidende Grundlage für alles Handeln bildet (Clausen-Söhngen 2005, Tewes 2014).

Zweitens sind die Anforderungen an die Therapeutinnen[1] hinsichtlich Beratung und Gesprächsführung in den letzten Jahren deutlich gestiegen (Büttner & Quindel 2013), unter anderem infolge komplexer gewordener familiärer-gesellschaftlicher Verhältnisse (Patchworkfamilien, Arbeitsplatz- und Berufsflexibilität, Globalisierung, Migration). Eine Befragung von 390 Therapeuten im Heilmittelwesen ergab, dass 24 % der Physiotherapeuten, 26 % der Ergotherapeuten und 35 % der Logopäden von „emotionaler Erschöpfung" berichteten (Wolf 2011). Kenntnisse und Fertigkeiten in Gesprächsführung können hier helfen, denn Erschöpfung entsteht oft aus einer Verbindung von quantitativen Belastungen (viele Patienten, Überstunden) mit unzulänglichen oder nicht optimal genutzten kommunikativen Fertigkeiten.

Schließlich zeigen neue Erkenntnisse aus Genetik, Hirnphysiologie, Endokrinologie und Immunologie, wie eng körperliche Prozesse mit dem emotionalen und intellektuellen Leben des Individuums verbunden sind – seinem gefühlten Glück und Leiden – und einander wechselseitig beeinflussen. Aufs Psychosoziale ausgerichtete Beratung kann deshalb mit verstärkter wissenschaftlicher Berechtigung als Schlüssel zum Verständnis und zur teilweisen Auflösung von Dissonanzen zwischen Körper und Seele verstanden werden.

---

1 Aus Gründen der besseren Lesbarkeit entscheiden wir uns jeweils für eine Bezeichnung. Selbstverständlich sind immer Personen aller Geschlechter gemeint.

In der Logopädie gibt es im deutschen Sprachraum nur wenige ausformulierte Konzepte zur Beratung. Die am häufigsten in Ansätzen beschriebenen Formen enthalten zudem stets die Forderung, im logopädischen Handeln eine harte Grenze zwischen logopädischer Beratung und Psychotherapie zu ziehen, wie zum Beispiel im Buch „Gesprächsführung und Beratung" von Büttner und Quindel (2013) in der Reihe „Praxiswissen Logopädie". Diese starre Haltung erschwert es den Beratern vorhandenes Wissen über die Beziehung zwischen dem Patienten und seinen Bezugspersonen sowie zwischen Therapeut und Patient in der Beratung genügend zu beachten und entsprechende Fertigkeiten zu erwerben und einzusetzen.

In der Physiotherapie ist die Situation nicht besser. Eine Befragung von 244 Physiotherapeuten in zwölf deutschen Physiotherapieschulen zeigte zwar, dass sich nicht nur die Instruktoren, sondern auch die Schüler als kommunikativ kompetent betrachteten. „Aber warum?", fragte sich die erstaunte Projektleiterin: „In der Ausbildung werden nachweislich kaum grundlegende Kenntnisse vermittelt, so dass das Wissen der examinierten Physiotherapeuten über Kommunikation vermutlich gering ist" (Becker 2009, 40). In einzelnen Publikationen, wie zum Beispiel in Elzers „Kommunikative Kompetenzen in der Physiotherapie" (2009), werden wertvolle Basisinformationen, aber wenige konkrete Hilfen zur Beratungstätigkeit vermittelt und im aktuellsten und umfangreichsten „Handbuch Physiotherapie" von Kolster u. a. (2016) werden der Beratung nur 12 der 1700 Seiten gewidmet.

In der Ergotherapie werden Grundlagen zur Beratung schon etwas öfter vermittelt, da die Arbeit mit Psychiatriepatienten einen Schwerpunkt im Rahmen dieses Berufes bildet, wie schon ein älteres Curriculum für den Fachbereich Psychiatrie-Psychosomatik des Deutschen Verbands der Ergotherapeuten (DVE 1994) zeigt. Aber auch im neuen Lehrbuch „Ergotherapie: Vom Behandeln zum Handeln" von Scheepers-Assmus u. a. (2015) sind nur etwa 30 der 640 Seiten der Beratung gewidmet.

In der Ernährungsberatung gibt es zwar Rufener und Jents ausführliches Buch „Der Ernährungstherapeutische Prozess" (2015) mit konkreten Handlungsleitlinien für die Beratung, aber im umfangreichen Lehrbuch von Leitzmann u. a. (2003) „Ernährung in Prävention und Therapie" mit 584 Seiten sind neben 140 Seiten „Physiologische Grundlagen der Ernährung" keine Seiten über die psychologischen Aspekte oder über Beratung enthalten. Das Wort „Beratung" und die Wortstämme „sozio“ und „psycho“ sind im 1200 Begriffe umfassenden Stichwortverzeichnis nicht vertreten.

In der Säuglings- oder Mütter- und Väterberatung gibt es kaum spezifische Literatur. Die in diesem Bereich Tätigen sind meist Fachpersonen für Kinderkrankenpflege und haben in ihrer Grundausbildung auch eher nur Allgemeines über Beratung gelernt. Für ihre verantwortungsvolle Arbeit mit den Jüngsten unserer Gesellschaft und deren wichtigsten Bezugspersonen würden spezifische Fertigkeiten in Beratung aber größte Wirkung entfalten.

Dieser **Ratgeber** hat zum Ziel, **Angehörigen therapeutischer Gesundheitsberufe** praktische Tipps für die Beratungsarbeit zu vermitteln. Zu diesem Zweck bedient er sich eines weit gefassten Verständnisses von Beratung, das nicht durch künstliche Abgrenzungen zwischen traditionellen Berufsfeldern eingeengt ist. Dieser Ansatz entspricht dem angloamerikanischen „Counseling“, wie er in der Logopädie im Buch „Counseling Skills for Speech-Language Pathologists and Audiologists“ von Flasher und Fogle (2012) vertreten wird. In der Physiotherapie entspricht dieser Ansatz etwa der Haltung im schon zitierten Buch von Elzer (2009) und allgemein kommt er in psychodynamischen, gestaltpsychologischen und systemischen Konzepten, wie zum Beispiel im Buch „Beratung lernen“ von Beushausen (2016), zum Ausdruck.

Im Verständnis dieses Ansatzes werden die traditionellen, eher pädagogischen Beratungstechniken im Gesundheitsbereich durch psychotherapeutische Techniken ergänzt und können deshalb als eine Form von **„psychosozialer Beratung“** bezeichnet werden, die sich von der Psychotherapie wie folgt unterscheidet:

> In der psychosozialen Beratung werden einige Techniken der Psychotherapie verwendet, Konflikte werden aber nicht gedeutet oder durchgearbeitet und es werden keine Verhaltensalternativen eingeübt. In beiden Unterstützungsformen werden neben Informationen zur aktuellen Lebenssituation auch solche zur Kindheit und Lebensgeschichte als wertvolle Quellen der Zusammenarbeit erachtet; in der psychosozialen Beratung für die gemeinsame Suche nach biografischen Zusammenhängen mit den aktuellen Problemen; in der Psychotherapie für tiefergehende Auseinandersetzungen mit den Hintergründen psychischer Konflikte oder für das Erlernen neuer Verhaltensweisen.

In anderen Worten: Der **Psychotherapeut**, ein Psychologe oder Psychiater mit mehrjähriger Zusatzausbildung, behandelt den psychisch Leidenden nach strengen standespolitischen Regeln, indem er die pathologischen Verstrickungen aufdeckt und mit ihm bearbeitet oder ihn konfliktlösende Verhaltensweisen einüben lässt. Der **psychosoziale Berater** hingegen begibt sich im Dialog mit dem Patienten auf eine Suche nach neuen Zusammenhängen zwischen den Symptomen und Beschwerden sowie der Lebenssituation und Lebensgeschichte des Patienten. Berater und Patient besprechen die Gemeinsamkeiten und Unterschiede ihrer Perspektiven, so dass der Patient Handlungsalternativen entdecken kann.

Psychotherapie und psychosoziale Beratung im Gesundheitswesen sind also unterschiedliche Tätigkeiten, die jedoch viele Gemeinsamkeiten aufweisen, deren gemeinsames Potential gezielter genutzt werden könnte. Zum Beispiel in der Logopädie: Lee Edgar Travis (1957), ein Begründer der amerikanischen Speech-Language Pathology, schrieb schon vor sechzig Jahren, es sei vernünftig, anzunehmen, dass in den nächsten Jahren Sprachtherapeuten die Prinzipien und Techniken der Psychotherapie nicht nur erfolgreich in ihrem Fachbereich anwenden, sondern zum Fortschritt dessen beitragen werden, was sie sich jetzt ausleihen. In neuerer Zeit hat Jürgen Kriz (1994), ein deutscher Professor für Psychotherapie, von der Öffnung des logopädischen Denkens und Handelns in Richtung Psychotherapie gesprochen und Michael Wolfart (2001), auch Psychotherapeut, plädiert für eine gemeinsame therapeutische Basiskultur von Logopädie und Psychotherapie. Eine solche Haltung entspricht der Erkenntnis, dass die Therapeut-Patient-Beziehung ein bedeutend stärkerer Wirkfaktor ist als die angewandte Technik. Vor zwanzig Jahren haben nämlich Wampold u. a. (1997) die Therapieeffekte von 18 psychotherapeutischen Techniken untersucht und festgestellt, dass deren Unterschiede nahezu null waren. Die Effekte, die verschiedene Therapeuten mit der gleichen therapeutischen Technik erzielten, waren jedoch beträchtlich. Dies ließ vermuten, dass die Therapeut-Patient-Beziehung in weitgehend auf Kommunikation beruhenden Therapien der Schlüssel zum Erfolg sein könnte. Eine Task Force der American Psychological Association bestätigte das in einer groß angelegten Metaanalyse (Norcross & Wampold 2011): Patienten reagieren stärker auf die Qualität der therapeutischen Beziehung als auf die angewandten Techniken. Und es gibt keinen Grund, warum dies nur auf Psychotherapien und nicht auch auf andere Therapien, in denen Gespräche im Vordergrund stehen, zutreffen sollte. Das haben Fachleute anderer Therapieberufe auch erkannt, zum Beispiel in der Logopädie: Millard und Cook

(2010), Yaruss und Bernstein Ratner (2010) sowie Plexico u. a. (2010) erklären, dass das Verständnis, das der Behandler für das Individuum oder die Familie, mit denen er arbeitet, aufbringe, wichtiger sei als einzelne Techniken und dass daher eher die Qualitäten des Klinikers als die Bestandteile der spezifischen Therapie für den Erfolg einer logopädischen Behandlung entscheidend seien. Abbildung 1 zeigt die Gewichtung, die den einzelnen Bereichen therapeutischer Wirksamkeit heutzutage zugesprochen werden (nach Thomas 2006, 203).

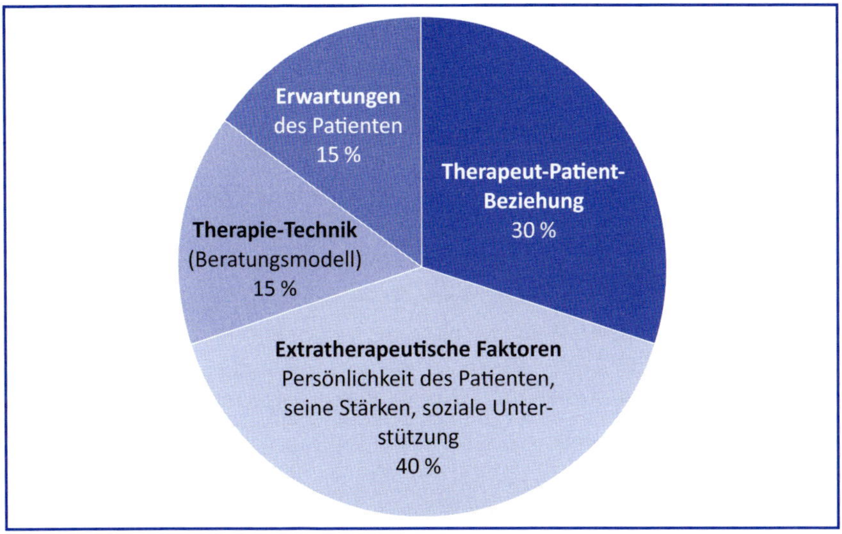

Abb. 1: Vier-Faktoren-Modell therapeutischer Wirksamkeit

Es war ein scheues Wort.
Das war ausgesprochen
Und hatte sich sofort
Unter ein Sofa verkrochen.
(Joachim Ringelnatz)

Psychosoziale Erfahrungen im Beratungsalltag

Situationen, in denen die Therapeutin auf besondere psychosoziale Zusammenhänge aufmerksam wird, gibt es häufig und sie sind außerordentlich vielfältig. Was denkt sie in solchen Momenten?

- Ein Patient, der besonders folgsam ist und immer noch mehr physiotherapeutische Übungen machen will, sich aber einfach nicht entspannen kann.
- Eine Patientin, die in der Ergotherapie oft unglücklich oder traurig wirkt, aber nicht darüber spricht.
- Eine Mutter, die so viel, so schnell oder so laut spricht, dass sich kaum jemand wagt, sie zu unterbrechen ... höchstens das sprachentwicklungsgestörte Kind mit einem Trotzanfall.
- Eine stimmgestörte Patientin, die andeutet, dass ihr Mann sie oft lächerlich macht.
- Ein Vater, der sagt, dass der schulische Erfolg seines Kindes das Wichtigste ist ... und nicht gern über anderes Wichtiges spricht.
- Eine Sängerin, die ihr Talent zu überschätzen scheint.
- Ein Patient, der so sanft wirkt, dass man sich fragt, ob er etwa auch mal explodieren möchte ... vielleicht täte es ihm gut, vielleicht würde es ihn überfordern.
- Eine Mutter, die ihr Kind häufig korrigiert oder ignoriert und ab und zu sagt, sie wolle nur das Beste für ihr Kind.
- Ein Patient, der unsympathisch wirkt, obwohl sich nicht erkennen lässt, warum.
- Ein Patient, der anzügliche Witze macht ... oder die Logopädin immer wieder in überflüssige Diskussionen verwickelt.
- Ein attraktiver, elegant gekleideter, charmanter Patient.

Oder zu Beispielen von Clausen-Söhngen (2005):

- Ein laryngektomierter Patient, der über das abweisende Verhalten von alten Freunden klagt.
- Die Frau eines Aphasikers, die Probleme damit hat, mit ihrem Mann nach der Reha wieder täglich zusammen zu sein.
- Ein alleinerziehender Vater, der mit den langsamen Therapiefortschritten seines Sohnes hadert und sich wegen seiner Ungeduld selbst die Schuld gibt.
- Eine Stimmpatientin, die ihre schlagartig verschlechterte Stimme im Gespräch mit einem Vorgesetzten thematisiert.

Das Zögern vieler Beratender

In einigen der beobachteten psychosozialen Situationen fühlen sich die Beratenden aufgefordert, zu reagieren: innerlich mit weiterführenden Gedanken, vielleicht mit einer Notiz in ihren Therapieunterlagen oder durch Mitteilen, indem sie das Gehörte, Gesehene oder Gefühle ansprechen. Wann machen sie das, und wie? Sehr vorsichtig oder mutig, direkt? Auch bei emotional schwierigen Themen? Sie sind nicht Psychotherapeuten und wollen nichts falsch machen, erst recht niemandem Schaden zufügen.

Viele Beraterinnen und Berater schränken sich in der Entfaltung ihrer psychosozialen Fertigkeiten ein oder lähmen sich sogar, und zwar aus drei Gründen: wegen ihres hohen Verantwortungsbewusstseins, weil sie befürchten, ihre Interventionen könnten etwas auslösen, was sie nicht auffangen können, und weil sie ahnen, dass psychosoziale Auseinandersetzungen auch bei ihnen ungeahnte Veränderungen zur Folge haben können.

Das Verantwortungsbewusstsein

Verantwortungsgefühl und Verantwortungsbewusstsein sind wichtige Stützen der beratenden Tätigkeit. Zur Verantwortung der Beratenden gehört die Aufgabe, zum Wohl der ihnen anvertrauten Patienten beizutragen, die Verpflichtung, ihr Handeln von Zeit zu Zeit kritisch zu hinterfragen, sowie in angemessenem Maß für ihr eigenes Wohlergehen in der Berufstätigkeit zu sorgen. Das Verantwortungsbewusstsein soll gepflegt werden, darf aber nicht zu einer quälenden Instanz erstarren, die jedes Risiko bekämpft und Entwicklung lähmt.

Befürchtung, Ausgelöstes nicht auffangen zu können

Der Berater kann befürchten, dass er zu wenig fähig wäre, mit starken aufsteigenden Gefühlen des Patienten umzugehen, oder er denkt, dass er auftauchende Probleme des Patienten lösen können sollte. Wenn er jedoch bereit ist, in einem verantwortungsbewussten, achtsamen Kontakt zum Patienten zu bleiben, ohne voreilig Ratschläge zu erteilen oder anderswie zu handeln, muss in den meisten dieser Situationen nichts getan werden. Normalerweise sind aufkommende intensive Emotionen dem Patienten vertraut und es tut ihm gut, wenn er sie äußern kann, ohne bewertet zu werden. Ähnlich sind mitgeteilte Probleme dem Patienten nur allzu bekannt und der Berater hat keine Verpflichtung (und auch keine Möglichkeit) sie für den Patienten zu lösen. In der Regel hegen Patienten auch keine solchen Erwartungen. Indem der Patient einem vertrauenswürdigen Gegenüber von seinen Problemen berichten kann, schafft er sich eine Möglichkeit, in seinen eigenen Worten und in den Reaktionen des Beraters eine neue Perspektive zu erkennen.

Gefahren in therapeutischen Beziehungen entstehen durch „Therapeuten“, die das Gegenteil einer therapeutischen Haltung zeigen: Dogmatische Berater, die permanent versuchen, dem Patienten eine Meinung oder ein Verhalten aufzudrängen. Fachleute, die in achtsamem Kontakt mit ihren Patienten stehen, drängen diese nie in eine bestimmte Richtung des Denkens oder Handelns.

Konfrontation mit der eigenen Lebenssituation

Die Ahnung, dass man als Beraterin oder Berater durch einen tieferen Dialog mit dem Patienten mit der eigenen Lebenssituation und Lebensgeschichte konfrontiert wird, kann Ängste auslösen. Unerfüllte Wünsche, Sehnsüchte, Befürchtungen oder Gefühle des Zu-kurz-gekommen-Seins können auftauchen. Da ist Vorsicht und Zurückhaltung verständlich und eine sorgfältige Annäherung angebracht, indem man zunächst nur einzelne psychosoziale Beobachtungen thematisiert. Wenn der Wunsch nach Erweiterung der Fertigkeit in psychosozialer Beratung weiter besteht, jedoch die Ehrfurcht davor, bei dessen Realisierung in eine zu schwierige Auseinandersetzung mit sich selbst zu geraten, noch zu stark ist, kann Unterstützung in einer Intervision, einer Supervision oder in einer Psychotherapie gesucht werden.

Psychosoziale Beratung als Notwendigkeit

Bewusste und noch häufiger unbewusste psychosoziale Interventionen sind alltäglich. Logopäden, Physiotherapeuten oder Ergotherapeuten verwenden in ihrem Berufsalltag ständig solche Interventionen, häufig unbewusst, aber deshalb nicht weniger wirksam, verbunden mit einem Gewinn für den Patienten oder mit unbeabsichtigten Nebenwirkungen.

Nehmen wir folgende Situation an, eine 30-jährige adipöse Frau antwortet auf die Frage, wie es ihr geht, mit: „Ach, meine Mutter! Ich könnte explodieren, wenn mir meine Mutter am Handy immer noch sagt, wie ich mich anziehen soll.“ Was antwortet da der Berater?

- „Sie sollten sich verteidigen.“ [ist aber nicht so einfach] oder
- „Nehmen Sie das nicht so ernst. Ignorieren Sie es einfach.“ [Das ist respektlos] oder
- „Haben Sie ihr sagen können, dass Sie solchen Rat nicht von ihr hören möchten?“ [Das ist gut] oder
- „Ja, die Mode hat sich in den vergangenen zwanzig Jahren verändert.“ [ohne Empathie, ignoriert das wahre Problem] oder
- „Meine Mutter hat sich genau gleich verhalten.“ [Da machen sich die Probleme des Therapeuten bemerkbar] oder
- „Stellt ihre Mutter noch andere Erwartungen oder sogar Forderungen an Sie?“ [nicht schlecht] oder
- „Wenn Sie merken, dass ein Anruf von Ihrer Mutter kommt: Lassen Sie das Handy doch einfach klingeln.“ [Wie das wohl wirkt?]

Es macht einen großen Unterschied, welche Antwort der Berater wählt, denn alle Antworten haben eine Wirkung. Auch die Beraterin, die im Wartezimmer ein Kind abholt, muss irgendwie reagieren, wenn sie die Mutter zum Kind sagen hört: „Gib das schöne Händchen!“ Sie sagt vielleicht: „Oh, für mich sind beide Hände gleich schön“ ... und gibt damit der Mutter etwas zu denken und dem Kind einen kleinen Hinweis darauf, dass man nicht immer alles tun muss, was von einem erwartet wird. Sie kann aber auch schweigen und so tun, als ob sie nichts gehört hätte. Aber auch das ist eine Botschaft, nahe bei der Aussage: „Jawoll, Höflichkeit ist ganz wichtig!“

In Abwandlung eines berühmten Satzes von Paul Watzlawick (1974) kann man also sagen:

> Es ist nicht möglich, therapeutisch zu arbeiten,
> ohne auch psychosozial zu wirken.

Berater verwenden eine ganze Menge psychotherapeutischer Techniken, bewusst oder unbewusst. Sie hören aktiv zu, loben oder geben etwas zu bedenken, spiegeln wahrgenommene Gefühle, machen Umdeutungen und regen zu Gedankenexperimenten an. Bei dieser Sachlage drängt es sich auf, dass sie die von ihnen verwendeten Beratungstechniken optimieren, das heißt, ihren eigenen Weg suchen, zwischen Psychotherapie und so tun, als ob die psychosozialen Hintergründe ihrer Patienten nicht existieren würden. Unterstützung auf dieser Suche finden interessierte Beraterinnen und Berater zunächst im persönlichen und fachlichen Gespräch mit Kollegen und Kolleginnen, später – in der organisierten Form – in einer Intervision (Fallbesprechung in einer Peer-Gruppe) und/oder in einer Supervision (Fallbesprechung mit Schwergewicht auf der Patient-Therapeut-Beziehung, geleitet durch eine in Psychotherapie und Supervision ausgebildete Fachperson) und/oder durch gezielte berufsbegleitende Weiterbildungen. Gegen Ende dieses Ratgebers werden die verschiedenen Unterstützungsmöglichkeiten im Einzelnen vorgestellt.

Das unterschätzte Problem der Komorbidität

Wenn ein Patient einer Physiotherapeutin, Ergotherapeutin oder Logopädin zugewiesen wird, geschieht dies mit der Absicht, bei der Vertreterin des spezifischen Fachbereichs Hilfe für die Lösung eines Problems der Muskulatur, der kreativen Aktivierung, des Sprechens oder der Stimme zu erhalten. Viele Patienten leiden aber nicht bloß unter diesem einen Gesundheitsproblem. Man denke nur an die weit verbreiteten Erkrankungen des Herz-Kreislaufsystems, der Atmung, der Verdauung, der Muskulatur, des Hormonsystems oder der Immunabwehr. Dazu kommen, mit den körperlichen Erkrankungen manchmal eng verbunden, die psychischen Erkrankungen, deren Häufigkeit oft stark unterschätzt wird: 25 bis 30 % der Bevölkerung leiden an einer behandlungsbedürftigen seelischen Störung (Elzer 2009, Tabelle 1).

Seelische Störungen	%
Neurosen & Persönlichkeitsstörungen	12
Psychosomatische Störungen	11
Schizophrene & affektive Psychosen (Depression, Manie)	2
Sucht (Alkohol, Drogen)	2
Hirnorganische Störungen (Demenzen, Oligophrenien)	3

Tab. 1: Epidemiologie seelischer Störungen (nach Elzer 2009)

Addiert man die Häufigkeit psychischer Erkrankungen mit jener der (scheinbar) primär körperlichen, kommt man – auch bei Berücksichtigung von Mehrfachdiagnosen – auf eine Gesamtmorbidität der Bevölkerung von über fünfzig Prozent. Das bedeutet, die Wahrscheinlichkeit, dass ein Patient der Physiotherapie, Ergotherapie oder Logopädie noch an einem oder mehreren anderen ernsthaften Gesundheitsproblemen leidet, ist sehr hoch. Dies ist ein weiterer Grund, warum die psychosoziale Beratung eine Notwendigkeit für alle Therapeuten sein sollte. Nicht weil sich alle therapeutischen Berater um alle Erkrankungen ihrer Patienten kümmern müssten, aber weil alle sich eine kompetente Vorstellung der Hintergründe machen sollten, vor denen sich die Erkrankung, um die sie sich kümmern, abspielt.

Die Beachtung der Komorbidität hat aber noch eine eigene Tücke: **„Komorbidität"** bedeutet etwa „ein weiteres, diagnostisch abgrenzbares Krankheitsbild, das zusätzlich zu einer Grunderkrankung besteht". Da der Begriff aber aus dem Defektdenken stammt („Neben der 18-Gang-Schaltung des Fahrrads ist auch ein Bremskabel defekt") verschleiert er wichtige Zusammenhänge. Er kann vorgaukeln, dass der Patient neben dem einen Problem, um das sich der Therapeut kümmern soll, andere Gesundheitsprobleme hat, die mit dem einen Problem wenig oder nichts zu tun haben, denn die Silbe „Ko" steht für ein Mit- oder Nebeneinander, nicht für Elemente eines Ganzen von interagierenden Prozessen. Tatsächlich scheinen Komorbiditäten manchmal stark, häufiger mäßig und oft schwach oder gar nicht mit der Indexerkrankung prozessual verbunden zu sein. Der Berater ist gut beraten, wenn er sich mit einem professionellen Wissenshintergrund dafür interessiert, wie sehr das Gesundheitsproblem, um das er sich bei seinem Patienten kümmern soll, mit anderen Gesundheitsproblemen dieses Patienten verbunden ist, ähnlich wie er die soziale Einbettung des Patienten, dessen Arbeitszufriedenheit und ökonomische Situation einschätzen können sollte. Auch dies sind Argumente für die Notwendigkeit psychosozialer Beratung.

Das Wasser
Ohne Wort, ohne Wort
rinnt das Wasser immerfort;
andernfalls, andernfalls
spräch' es doch nichts andres als:
Bier und Brot, Lieb und Treu,
und das wäre auch nicht neu.
Dieses zeigt, dieses zeigt,
dass das Wasser besser schweigt.
(Christian Morgenstern)

Hilfreiche Einsichten

Die Kenntnis einiger grundlegender psychosozialer Zusammenhänge erleichtert die Orientierung in der Flut der in jeder Beratungstätigkeit bewusst oder unbewusst wahrgenommenen Informationen.

Vom Defektdenken zum Beziehungsdenken

In vielen Gesundheitsberufen ist die Ausbildung seit Jahrzehnten stark defekt- oder defizitorientiert: Defekte, Defizite und Fehlfunktionen des leidenden Menschen werden viel stärker in den Fokus der Aufmerksamkeit gestellt als seine Stärken, seine psychische Widerstandskraft (Resilienz), seine Möglichkeiten zur Selbstbestimmung (Empowerment) und seine mitmenschliche Einbettung (soziale Ressourcen). Das macht Sinn, weil die moderne Medizin aus dieser naturwissenschaftlich präzisen Optik unglaubliche Fortschritte in der Bekämpfung vieler Krankheiten erzielen konnte. Diese Sichtweise hat aber auch entscheidende Nachteile, wie dies in Abbildung 2 am Beispiel eines Kindes mit funktioneller Stimmstörung (IP = Indexpatient) illustriert wird:

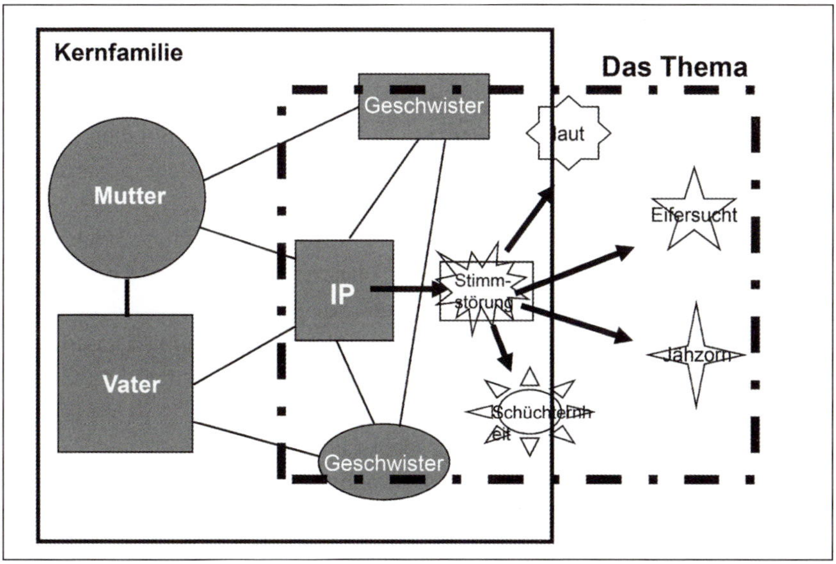

Abb. 2: Das Defektdenken in Therapie und Beratung

Im Defektdenken wird das Thema der therapeutischen Auseinandersetzung um die Störung herum zentriert, so dass weitere störende oder auffällige Verhaltensweisen oder Beschwerden des Patienten vorschnell als Auswirkungen der zu behandelnden Störung verstanden werden. Damit gerät die Möglichkeit, dass die Störung und andere Auffälligkeiten oder Beschwerden aus derselben lebensgeschichtlichen Ursächlichkeit entstanden sind, aus dem Blickfeld, so dass Therapie zur reinen Symptomkorrektur wird. Dies erschwert eine auf die Ursachen bezogene Therapie.

Im Beziehungsdenken werden dagegen der Patient und seine Störung im großen Rahmen seiner aktuellen Lebenssituation, seiner Lebens- und Beziehungsgeschichte sowie seiner Erwartungen, Hoffnungen, Ziele und Ängste gesehen, verstanden und behandelt (Abbildung 3):

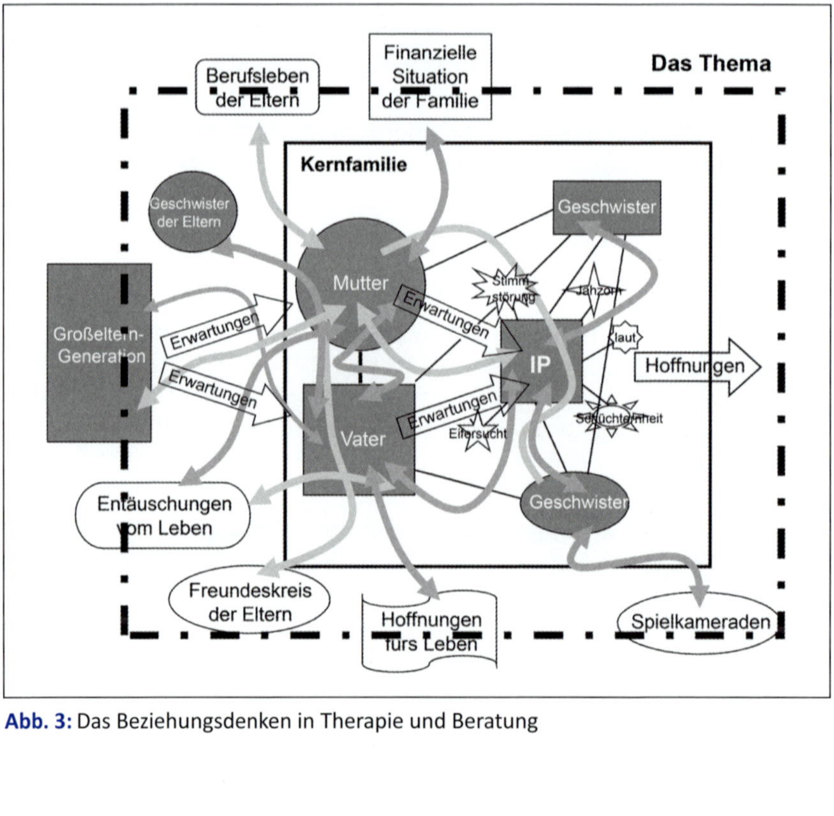

Abb. 3: Das Beziehungsdenken in Therapie und Beratung

In Anbetracht der verwirrenden Informationen in Abbildung 3 könnte der Berater jedoch denken: „Das ist so kompliziert ... Ich kann doch nicht alle diese Eindrücke aufnehmen und bin nicht dazu ausgebildet, sie sachgerecht zu ordnen oder sogar zu analysieren!" Aber Lebenssituationen und -geschichten werden stets in kleinen verbalen, paraverbalen und nonverbalen Ausschnitten präsentiert. Das Ganze lässt sich immer nur erahnen. Deshalb geht es im Beziehungsdenken zunächst darum, das bruchstückhaft Wahrgenommene auf sich wirken zu lassen. Dieser erste „Beratungsschritt" hat nämlich bereits wohltuende Effekte: Es gibt oft Menschen in der Umgebung des Patienten, die das „Auf-sich-wirken-Lassen" der Patientengeschichte nicht aushalten. Die Präsenz und das „Dabeibleiben" des Beraters lindern deshalb manchmal die Einsamkeit des Patienten. Vielleicht kann sich der Patient sogar mit dieser ruhigen, nicht agierenden Haltung identifizieren und so an Gelassenheit und Distanz gewinnen. In der Fortsetzung kann eine solche Phase des „Auf-sich-wirken-Lassens" durch „aktives Zuhören" ergänzt werden, mit In-Worte-Fassen des Gehörten, Fragen stellen, Gefühle ansprechen und gemeinsam Zusammenhänge suchen.

Aber es stimmt: Nach der Grundausbildung haben die Logopäden, Physio- und Ergotherapeuten einiges zum Beziehungsdenken zusätzlich zu lernen, wie Matthew Rouse (2012, 44; Übersetzung der Autor) eindrucksvoll beschreibt:

> „Ich glaube, ich wurde für die Diagnostik verschiedener Kommunikationsstörungen und die Behandlung von Patienten gut ausgebildet. Als ich die Universität verließ und im Krankenhaus meine erste Stelle antrat, war ich überzeugt, dass ich wusste, was ich zu tun hatte. Aber rasch erlebte ich eine große Überraschung. Ich wurde mit der subjektiven Erfahrung von Patienten und ihren Familien konfrontiert: Angst, Verlust, Depression, Resignation, Erschütterung und Wut – all dies waren Erfahrungen, von denen mir meine Patienten erzählten und ich war offen gestanden unvorbereitet, mit diesen umzugehen. Ich wurde trainiert, Dinge nur anzuschauen, nicht ihnen entlangzuschauen und die Geschichte hinter ihnen zu verstehen."

Was wohl Katzen hören, wenn Caruso singt?

(Joachim Ringelnatz)

Die Mehrgenerationen-Perspektive

Das Verständnis für die Lebenssituation des Patienten vertieft sich beträchtlich, wenn der Therapeut sich ein Bild von dessen Werdegang als Kind, Jugendlicher, Berufsperson und Familienmensch machen kann. Informationen über drei Generationen (Patient, Eltern und Großeltern) sind hilfreich, weil manchmal erst diese Perspektive ein Problem in der Gegenwart verstehbar machen kann (Abbildung 4).

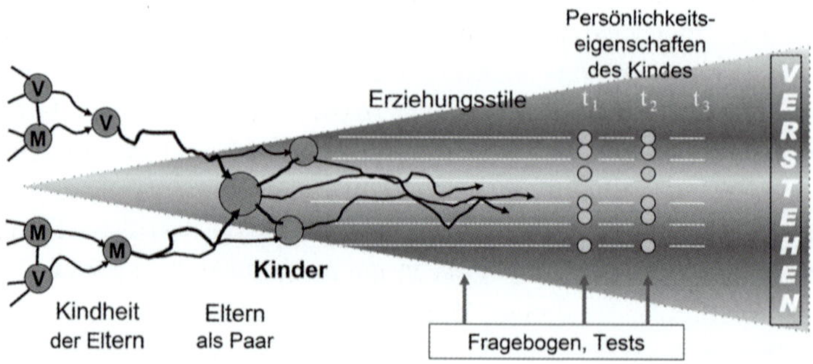

Abb. 4: Der Weg zu psychosozialer Erkenntnis

Konflikte in Familiensystemen bahnen sich nämlich oft über lange Zeit an und werden häufig über Generationen weitergegeben. Die Logik dieser unbewussten Überlieferung beschreibt Horst E. Richter (2000, 16) mit folgenden Worten:

> „Je mehr Eltern unter dem Druck eigener ungelöster Konflikte leiden, umso eher pflegen sie – wenn auch unbewusst – danach zu streben, dem Kind eine Rolle vorzuschreiben, die vorzugsweise ihrer eigenen Konfliktentlastung dient."

Die Beziehung zwischen Harmonie und Aggressivität

Die meisten Menschen und Familien wünschen sich ein Leben in Frieden und Harmonie. Aber ein so angenehmes und freudvolles emotionales Klima kann sich nicht allein aus Freundlichkeit und Sanftheit heraus entwickeln. In der Individuation, also der schon in der frühen Kindheit beginnenden Entfaltung der individuellen Fähigkeiten, muss sich das Kind mit seinen sozialen Bezugspersonen auseinandersetzen können, mit ihnen streiten und sie infrage stellen dürfen, damit es seine eigenen Möglichkeiten und Grenzen spürbar erfahren und ihnen vertrauen lernen kann. Alle Eltern müssen sich dieser Auseinandersetzung stellen. Das gelingt ihnen besser, wenn sie sich mit sich selbst und untereinander auch auseinandersetzen können (kein Elternteil sich dem anderen unterordnet). Dies wiederum wird erst dann möglich, wenn beide Eltern sich von ihren eigenen Eltern ausreichend abgrenzen können und nicht von einem idealisierten oder negativ besetzten Elternbild geprägt bleiben. Erst wenn diese Voraussetzungen einigermaßen erfüllt sind, wird das Erleben echter Harmonie möglich. Wie sehr Harmonie von der Möglichkeit der vorausgehenden Auseinandersetzung – vielleicht sogar mit Streit und Kampf – abhängig ist, symbolisiert die erstaunliche Konstellation der Familie von „Harmonia", der Göttin der Eintracht, in der griechischen Mythologie: Sie ist die Tochter von „Aphrodite", der Göttin der Schönheit, und von „Ares", dem Kriegsgott. Harmonia hat zwei Brüder, nämlich „Daimos", der Schrecken, und „Phobos", die Angst. Eine nicht gerade gemütliche, aber durchaus Sinn stiftende Familiensituation (Abbildung 5):

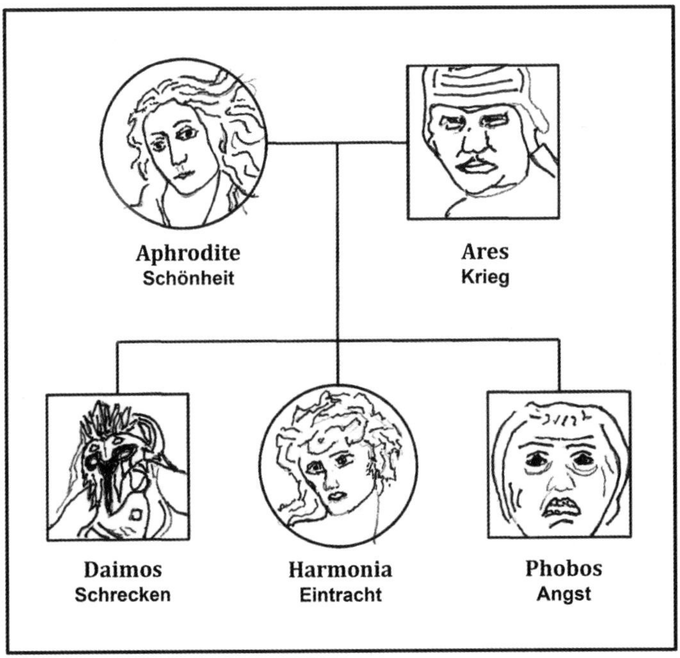

Abb. 5: Die Familie der „Harmonia" in der griechischen Mythologie

Die griechische Mythologie zeigt: Harmonie ist nicht ohne Reibung oder sogar Kampf zu erreichen. Harmonie ist ein Nebenprodukt der manchmal schmerzlichen Auseinandersetzung mit den Problemen des Lebens und kann nicht direkt erschaffen werden.

Die Vielfalt der Persönlichkeitsstile

Während der Sozialisation, das heißt der Entwicklung des Menschen in seiner sozialen Gemeinschaft, werden die Stärken und Schwächen des Individuums nach und nach ausgeprägter, je nach individuellen Anlagen, der Art sozialer Unterstützung und den dem Einzelnen widerfahrenden Erlebnissen. Daraus entwickeln sich relativ stabile Persönlichkeitsstile. Das vordergründige Verhalten verschiedener Individuen erscheint dadurch mit der Zeit oft höchst unterschiedlich, selbst wenn dahinter ähnliche Sehnsüchte und Ängste stehen. Der Berater, der sich der Unterschiedlichkeit der Verhaltensoberfläche vor dem Hintergrund der urmenschlichen Kräfte bewusst ist, kann den Stil seiner Begegnung mit dem Patienten besser an diese anpassen. Häufige Persönlichkeitsstile siehe Tabelle 2.

Menschen mit besonders ausgeprägtem Persönlichkeitsstil ecken oft an. Sie gelten schnell als „gestört", obwohl ihre Realitätskontrolle meistens nicht eingeschränkt ist. Zu Unrecht wird ihnen wenig Verständnis entgegengebracht, da angenommen wird, dass ihr Persönlichkeitsstil auf freiem Willen basiert.

Matthias Elzer (2009, 231) beschreibt die Bedeutung der Wahrnehmung von Persönlichkeitsstilen wie folgt:

> „Wir nehmen unbewusst und sehr schnell wahr, mit welcher Art von Persönlichkeit wir es im Kontakt zu tun haben. Die Atmosphäre im Kontakt und das Gespräch werden von den Persönlichkeitseigenschaften bestimmt. So ist die Interaktion mit einem hysterisch-dramatisierenden Patienten eine andere als mit einem gehemmt-introvertierten; das Gespräch ist im einen Fall dynamisch, ausufernd, laut und unterhaltsam und im anderen eher zäh, ruhig und wenig belebend."

Persönlichkeitsstil	Verhaltensweise
passiv-abhängig	fragen andere oft um Rat, lassen sich leicht (ver-) führen, Angst verlassen zu werden
gehemmt, introvertiert	sind schwer zugänglich; befürchten, sich falsch zu verhalten oder zu viel von sich zu zeigen
zwanghaft	möchten möglichst viel kontrollieren, keine Fehler machen; hegen viele Zweifel, Sorgen
extrovertiert	sind kontaktfreudig, gesellig, weltoffen, ehrgeizig, manchmal eher oberflächlich
hysterisch-dramatisierend	möchten stets im Mittelpunkt stehen, mit starkem, oft übertriebenem Gefühlsausdruck
narzisstisch	sind egoistisch, selbstbezogen; können Verhaltensweisen anderer nur schwer verstehen
ängstlich-vermeidend	sind davon überzeugt, sozial unbeholfen, unattraktiv und minderwertig zu sein, abgelehnt zu werden
aggressiv gehemmt	zeigen negative Einstellungen und passiven Widerstand; fühlen sich oft missverstanden
aggressiv entwertend	fühlen sich überlegen und lassen das andere spüren; verhalten sich, als seien sie unverletzlich
borderline	erleben oft eine innere Leere und neigen zu Wutausbrüchen oder zu Selbstverletzungen
paranoid	sind misstrauisch, nachtragend, eifersüchtig, streitsüchtig und auch sehr von sich überzeugt
schizoid	emotional distanziert, kühl, wenig Freunde; nach außen scheinen sie unabhängig von Lob und Kritik

Tab. 2: Persönlichkeitsstile (in Anlehnung an Elzer 2009)

Abwehr und Bewältigung

Abwehr- und Bewältigungsstrategien sind hilfreiche Gefühls-, Denk- und Handlungsweisen, die dem Menschen erlauben, starke innere oder äußere Drucksituationen auszuhalten und Wege zu finden, um trotz akuter Belastung – zumindest vorübergehend oder teilweise – genuss- und leistungsfähig zu bleiben.

Abwehrmechanismen

Abwehrmechanismen erleichtern uns das Ertragen schwieriger Spannungszustände. So denkt sich zum Beispiel ein von seiner Freundin verlassener Mann, dass es sowieso viel besser sei, allein zu leben, oder eine von ihrem Chef wegen Kleinigkeiten kritisierte Angestellte nörgelt lieber am Verhalten ihres Lehrlings herum, als sich gegen den Chef zu wehren. Abwehrmechanismen treten in vielfältiger und manchmal schwer erkennbarer Form auf (Tabelle 3). Als Therapeut lohnt es sich, für diese Mechanismen bei Patienten und bei sich selbst aufmerksam zu sein, denn sie erklären nicht selten ein zunächst unverständliches oder sogar brüskierendes Verhalten.

Obwohl die unbewussten Abwehrmechanismen wertvoll und hilfreich sind und bei allen Menschen vorkommen – ohne deren Verwendung wären wir alle überfordert –, wirken sie sich oft auch negativ auf Mitmenschen und den abwehrenden Menschen selbst aus. Sie können

- den Patienten isolieren
- negative Reaktionen der sozialen Umwelt auslösen
- den Patienten Gefahren aussetzen, wenn er zum Beispiel eine schwere Erkrankung, die der Behandlung bedarf, verleugnet
- den Patienten und seine soziale Umgebung erschöpfen
- den Zugang zu Aspekten der Selbsterkenntnis versperren

Da die Abwehrmechanismen vor allem Schutzfunktion haben, sollte nicht versucht werden, sie durch grobes Aufdecken zu durchbrechen. Vielmehr sollte man sich ihnen vorsichtig im gegenseitigen Austausch annähern: Wie fühlt sich das Verhalten unter ihrer Regie an? Welche positiven Auswirkungen hat dieses? Was geschähe, ohne dieses Verhalten? Welches wären alternative Verhaltensweisen? Mit welchen Vorteilen?

Mechanismus	Erlebens- und Verhaltensweise
Ausagieren	Dem inneren oder äußeren Stress wird nicht mit Überlegen und Aufmerksamkeit für die eigenen Gefühle, sondern mit ablenkender Aktivität begegnet.
Verdrängen	Die zur Belastung führende Situation wird korrekt wahrgenommen, deren Gefühlsqualität und Bedeutung in der Erinnerung aber „vergessen".
Verleugnen	Die ganze zur Belastung führende Situation mit ihren belastenden Emotionen wird ausgeblendet.
Intellektuali-sieren	Der Wahrnehmung von schmerzlichen Gefühlen, z. B. bei einem Verlust, wird durch besonders klug scheinendes Denken und Sprechen ausgewichen.
Rationalisieren	Ein Intellektualisieren, das zur Rechtfertigung eines unangepassten Verhaltens dient.
Verschieben	Aggressive Impulse werden auf eine weniger gefährlich scheinende Ersatzperson, ein Tier oder leblose Gegenstände gerichtet.
Projizieren	Ein zu stark drängendes Gefühl – besonders Lust, Angst, Wut oder Trauer – wird einem Gegenüber zugeschrieben und in diesem „bekämpft".
Abspalten	Die negativen und positiven Aspekte einer Sache oder Situation können nicht integriert werden: Es werden nur Gegensätze erlebt (Schwarz-Weiß-Denken).
Reaktions-bildung	Um sich nicht ängstigenden Impulsen ausgesetzt zu fühlen, wird das Handeln nach deren Gegenteil ausgerichtet, so dass z. B. Anziehung in zurückweisendes Verhalten und Ärger in Überfürsorglichkeit mündet.

Tab. 3: Formen von Abwehrmechanismen

Auch die Abwehrmechanismen der Berater können sich natürlich negativ auf die Therapeut-Patient-Beziehung auswirken. Bei akademischen Therapeuten sind es oft Intellektualisieren und Rationalisieren, bei nichtakademischen Therapeuten und Beratern ist es eher die Reaktionsbildung in Form des Helfersyndroms.

Bewältigungsstrategien

Coping- oder Bewältigungsstrategien unterscheiden sich von Abwehrmechanismen darin, dass es nicht unbewusste mental-emotionale Prozesse, sondern meist vorsätzlich verwendete Verhaltensweisen sind, die aber ebenfalls dazu dienen, Stress und Angst zu reduzieren. Die meisten Menschen haben eine Vielfalt von Copingstrategien erlernt, um in belastenden Zeiten für sich selbst zu sorgen, zum Beispiel mit der Familie oder Freunden sprechen, einen Spaziergang unternehmen, Sport betreiben, etwas Gutes essen, ein Buch lesen, wohltuende Musik hören, schlafen oder ins Kino gehen, meditieren oder mit einem Haustier spielen. Beim Coping geht es darum, **protektive** (beschützende), **Resilienz** fördernde (Widerstandskraft stärkende) Faktoren zu aktivieren und damit die **Salutogenese** (Gesundwerdung) zu stärken. Ein zentraler Aspekt der Salutogenese ist das **Kohärenzgefühl** mit den Aspekten der **Verstehbarkeit** (das Gefühl, die Zusammenhänge des Lebens zu verstehen), der **Handhabbarkeit** (die Überzeugung, das eigene Leben selbst gestalten zu können; Selbstwirksamkeit) und der **Sinnhaftigkeit** (der Glaube an einen Sinn des Lebens). Je nach Persönlichkeitsausprägung werden drei hilfreiche Stile von Bewältigungsstrategien unterschiedlich oft benutzt:

- **Problemorientiertes Coping**: Das Problem wird analysiert, Informationen zu Problemlösungen werden gesucht, Handlungsalternativen bewertet und in die Tat umgesetzt. Meist erfordert diese Strategie ein proaktives Vorgehen, manchmal aber auch das Eingehen von Kompromissen oder das Anpassen an vorgefundene Gegebenheiten.
- **Intrapsychisches Coping**: Es wird versucht, die durch die schwierige Situation entstandenen Gefühle abzubauen, ohne sich mit dem Problem näher auseinanderzusetzen und ohne nach Lösungen zu suchen.
- **Bewertungsorientiertes Coping**: Die Belastung wird als Herausforderung verstanden und damit ein attraktives Ziel anvisiert, für das neue Kräfte freigesetzt werden können.

Leider fällt es aber vielen Menschen schwer, konstruktive Bewältigungsstrategien anzuwenden. Je nach ihrem lebensgeschichtlichen Erfahrungshintergrund bedienen sie sich dann wenig produktiver oder sogar destruktiver Strategien. Sie lenken sich ständig ab, isolieren sich oder flüchten sich in Alkohol- oder Drogenkonsum.

Der Krankheitsgewinn

Bei vielen Erkrankungen oder Verletzungen sind neben dem Leiden nur selten Vorzüge für die Betroffenen zu erkennen. Bei funktionellen Störungen ist das anders, denn diese können auch als somatisierte Abwehrmechanismen dienen. Dabei werden die körperlichen Wahrnehmungen des Unwohlseins bei psychischem Druck als Symptome einer organischen Erkrankung interpretiert und eine körpermedizinische Behandlung angestrebt.

Funktionelle Störungen haben eine „Unbehagen reduzierende Funktion“, die in vier Formen unterschieden werden kann:

- Der **primäre** Krankheitsgewinn dient der Ablenkung des Patienten vom Bewusstwerden eines ängstigenden emotionalen Konflikts in seiner Lebenssituation.
- Der **sekundäre** Krankheitsgewinn bringt dem Patienten Aufmerksamkeit, Zuwendung sowie Schutz durch seine soziale Umwelt und entlastet ihn von einigen Alltagspflichten.
- Ein **tertiärer** Krankheitsgewinn ergibt sich, wenn eine Bezugsperson/ein Familienmitglied des Patienten von der Störung profitiert, zum Beispiel dank ihrer/seiner Fürsorge für den Patienten einen neuen Lebenssinn findet und nicht allein gelassen wird.
- Ein **quartärer** Krankheitsgewinn kann sich aus einer Ideologie des Leidens entwickeln. Dabei berichten Kranke mit einer Art von Stolz über den Sinn und die Exklusivität ihres Leidenswegs („Der Professor hat gesagt, so etwas habe er noch nie gesehen!“).

Haltungen und Verhaltensweisen

Selbstverständlichkeiten

Ohne weitere Erklärung verstehen sich einige „NO-GOs" von selbst:

- Eine eigene Meinung, die statt mit „ich" mit „man" kundgetan wird, ist Kunde einer Besserwisserei, die zu unterlassen ist.
- Ebenso wenig förderlich ist es, zu viel von sich selbst zu sprechen, den Patienten mit Fragen zu bombardieren und spitz formulierte Aussagen als Fragen zu tarnen.
- Zu schnelle oder zu häufige Beruhigungen („Alles wird gut") und Ablenkungen („Wenigstens haben wir schönes Wetter") dienen meist nur dem Therapeuten, wenn er heftige Gefühlsreaktionen des Patienten vermeiden will.
- Bei der Beschreibung von Patienten ist Vorsicht geboten. Pathologisierende Kategorisierungen wie „depressiv", „ängstlich", „narzisstisch" oder „paranoid" verstellen den klinischen Blick. Eine Wortwahl und Sprechart, die das Verhalten des Patienten beschreibt, bleibt für den Verständnisprozess offener.
- Zu vermeiden ist ferner jedes Kompetenzgerangel zwischen dem Therapeuten und Patienten, zum Beispiel, wenn beide in ähnlichen Berufen arbeiten oder wenn sie unterschiedlich alt sind.

Hingegen sind erwünscht:

- Stilles Fantasieren, das auch grenzenlos sein kann, wenn es nicht zu sehr vom Gespräch mit dem Patienten ablenkt.
- Das bewusste Empfinden von Freude, Ärger, Enttäuschung, Trauer, Anziehung, Abneigung oder Unbehagen vor, während oder nach dem Gespräch. Die bewusste Wahrnehmung von Gefühlen hat einen Erlebniswert an sich, dient zudem aber auch der Orientierung über das zwischenmenschliche Geschehen: Auf welchen Eindruck vom Patienten reagiere ich mit diesem Gefühl? Hinterlässt eine meiner Handlungen dieses Gefühl in mir? Wo stehen wir im Austausch miteinander?

Grundhaltungen

Die psychosoziale Beratung stützt sich auf die von Carl Rogers begründete patientenzentrierte oder nicht-direktive Beratung. Deren Grundelemente sind die Echtheit des Beraters (Kongruenz), seine Einfühlung in den Klienten (Empathie) und die Wertschätzung für diesen (Akzeptanz).

Echtheit (Authentizität, Kongruenz)

Die Echtheit oder Authentizität des Beraters ist das Fundament des patientenzentrierten Ansatzes. Damit ist die größtmögliche Übereinstimmung des verbalen und nonverbalen Ausdrucks des Beraters mit dem, was er spürt, fühlt, denkt und handelt gemeint. Diese Transparenz erlaubt dem Patienten, sich selbst auch zu öffnen und in einen Dialog einzutreten, der Veränderungen ermöglicht. Die gewünschte Offenheit ist allerdings nicht als absolute Transparenz zu verstehen, denn eine solche würde sowohl Patienten wie auch Therapeuten überfordern. Deshalb ist mit Authentizität immer eine „selektive Authentizität" gemeint.

> Selektive Authentizität bedeutet:
> Alles, was gesagt oder gezeigt wird, soll echt sein, aber nicht alles, was echt ist oder echt wäre, soll gesagt oder gezeigt werden.

Den nonverbalen Ausdrucksformen des Beraters gebührt besondere Beachtung, denn Motorik, Körperhaltung, Mimik, Gestik, Sprechweise, Stimmführung und auch die Kleidung sowie die Ausgestaltung des Beratungsraumes und die vom Berater arrangierte Sitzordnung tragen zum Ausdruck der Authentizität des Beraters bei.

Einfühlung (Empathie)

Einfühlung ist die Fähigkeit, mit den Augen eines anderen zu sehen, mit dessen Ohren zu hören, mit dessen Herz zu fühlen oder zu verstehen, wie es ist, in den Schuhen des anderen zu gehen. Das sind nicht nur Allegorien, denn seit der Entdeckung der Spiegelneuronen ist nachgewiesen, dass Menschen, die anderen bei bestimmten Bewegungen zuschauen, im Hirn an gewissen Stellen diese Bewegung simulieren, ohne dass sie die Bewegung ausführen.

Empathie ist etwas anderes als Sympathie. Sympathie kann als wohltuendes Mitschwingen mit einem anderen Menschen bezeichnet werden. Empathie erfordert hingegen stärkere zwischenmenschliche Verbundenheit und ist manchmal nicht mit wohltuenden Gefühlen verbunden: Die versteckte Wut eines tief Enttäuschten und noch mehr die Zerrissenheit eines von Schuldgefühlen Geplagten nachzuempfinden, kann belastend sein.

Wertschätzung (Akzeptanz)

Oft wird die Wertschätzung, die dem Patienten entgegenzubringen sei, „bedingungsfreies Akzeptieren", „bedingungslose positive Zuwendung" oder „radikaler Respekt" genannt. Auf den ersten Blick scheinen diese Bezeichnungen zu absolut. „Wie kann ich einen Menschen bedingungslos akzeptieren, wenn er als Geschäftsmann seine Mitarbeiter gnadenlos ausnutzt oder als Ehemann seine Frau schlägt?", könnte man fragen. Die Antwort ergibt sich aus der Unterscheidung von Täter und Tat: Den Klienten bedingungslos, ohne Wertung, als Menschen zu akzeptieren, erlaubt diesem, sich zu entspannen, Vertrauen zu entwickeln und sich zu öffnen. Es bedeutet aber nicht, dass der Berater alle Handlungen des Klienten gutheißt.

Das Pflegen der Echtheit der Beratenden

Die Authentizität des Beraters ist ein so wichtiger Baustein für das Gelingen psychosozialer Beratung, dass zum Beispiel in der Ausbildung zum personenzentrierten Psychotherapeuten weniger Wert auf das Erlernen von Techniken als auf die Persönlichkeitsentwicklung und Selbstreflexion des Therapeuten gelegt wird. Deshalb verdient die Pflege der Echtheit des Beraters in allen therapeutischen Berufsfeldern höchste Aufmerksamkeit.

Stimmungskongruente Stimmführung und Sprechweise

Die Stimme ist ein außerordentlich differenziertes Ausdrucksinstrument. In ihr werden Inkongruenzen leicht hörbar. Deshalb ist es klug, wenn der Berater hin und wieder auf seine Stimme und Sprechweise achtet:

- Klingt meine Stimme zu hoch oder zu tief, zu süß oder zu hart? „Zu" bedeutet „anders im Vergleich zu dem, was der Berater im Moment denkt".
- Wie ist mein Sprechtempo? Ein zu hohes Sprechtempo lässt dem Klienten zu wenig Raum und erschwert es dem Therapeuten, zu bemerken, wie es ihm selbst geht. Zudem sind bei hohem Sprechtempo die eigenen Themenwechsel schwer zu erkennen. Bei zu geringem Sprechtempo sollte sich der

Berater fragen: Was ist los? Was hemmt mich? Wie hemme ich mich? Bei der Antwort darf er sich nicht zu schnell mit der Erklärung „Müdigkeit" zufriedengeben.
- Ist meine Atmung flach, hoch oder tief? Nimmt mir etwas den Atem? Verändert sich meine Stimme, wenn ich tiefer atme, oder die Atmung, wenn ich schneller oder langsamer spreche?

Eine für Berater und Patient besonders interessante Beobachtung sind die Auswirkungen stimmungskongruenter Stimmführung, weil diese leicht stimmungskongruente Erinnerungen provozieren. Der Ausdruck durch die Stimme fördert Stimmungserinnerungen an die eigene frühe, auch vorsprachliche Zeit. Solche können angenehm sein, aber auch schmerzen, traurig stimmen, Schuld- und Schamgefühle wiederaufleben lassen, frühere Wut oder Momente der Angst oder Hilflosigkeit aufblitzen lassen.

Aufmerksamkeit für Sprachfloskeln

Sprachfloskeln sind tückisch. Es sind Sprachreflexe, welche meist dazu dienen, dem Gesprächspartner vorschnell zu versichern, man habe ihn verstanden, statt dass man schweigend prüft, ob man ihn wirklich verstanden hat und bei Bedarf nachfragt. Wenn der Patient etwas von seiner Sicht der Dinge erklärt und der Berater darauf antwortet: „Genau" oder „Auf jeden Fall", dann sagt dieser damit eigentlich „Das habe ich schon längst gewusst" oder „Das ist nichts Neues". Weitere Beispiele für Sprachfloskeln sind „sowieso" „sicher", „klar" oder „natürlich". Ziel im Umgang mit Sprachfloskeln ist, sie durch kleine Pausen, durch ein „Mhm" oder durch das Wort „ja" zu ersetzen.

In Erklärungen ist es eine Unsitte, wiederholt an Satzenden noch ein „oder?" oder „nicht wahr?" anzuhängen. Solches ist meist eine als Frage getarnte Aussage: „Da gibt es wohl nichts mehr hinzuzufügen!" oder sogar ein Vorwurf: „Das sollten Sie eigentlich wissen!" Ähnlich unangenehme Wirkungen haben die Worte „eben" oder „aber eben" zu Beginn eines Antwortsatzes. Sie sagen „Ich hab's doch schon gesagt!" oder schärfer: „Haben Sie denn nicht zugehört?" Sie sollten auch durch ein einfaches „Ja" ersetzt werden. Schließlich ist ein unabsichtliches Hinauszögern eines Sprecherwechsels durch ein am Satzende angehängtes „Und eh, ..." zu vermeiden.

Diminutive in Absichtserklärungen

Der Unterschied zwischen folgenden Sätzen ist deutlich zu spüren:

> „Ich möchte mit Ihnen heute ein wenig besprechen, was ..."
> „Ich möchte mit Ihnen heute besprechen, was ..."

In der zweiten Variante wird einfach eine Absichtserklärung abgegeben. In der ersten Variante wird dazu noch ausgesagt: „Erwartet nicht zu viel vom heutigen Gespräch" oder: „Ich zweifele auch ein wenig, ob das heute etwas bringt." Natürlich darf man seine Zweifel hegen, aber es ist nicht angebracht, sie zur Gesprächseröffnung zu präsentieren, weil sie so als vorauseilende Rechtfertigung für ein eventuelles Misslingen des Gesprächs oder als selbsterfüllende Prophezeiung wirken.

Vertauschung der Rollen

Unangebracht sind auch Vertauschungen der Rollen von Helfer und Hilfesuchenden, zum Beispiel im höflichen Begrüßungssatz:

> „Ich bin froh, dass Sie es einrichten konnten, heute zusammen hierher zu kommen."

Überspitzt formuliert klingt das so, als ob der Helfer sagen würde: „Wenn man bedenkt, wie wenig ich Ihnen zu bieten habe, ist das ein großes Opfer, dass Sie heute gekommen sind." Realität ist, dass die Patienten die Helfer um eine Art von Unterstützung anfragen und diese sich nach bestem Wissen und Gewissen bemühen, ihnen eine solche zu bieten. Das heißt: Wenn der Helfer etwas Echtes zu bieten hat (echt = er hat sich Gedanken gemacht, sich eingesetzt, und jetzt ist er präsent, offen), dann hat er etwas zu bieten. Punkt.

Es gibt zwar auch Situationen, in denen ein so höflicher Begrüßungssatz angebracht ist, zum Beispiel, wenn der Therapeut kurzfristig eine Stunde verschieben musste und sich der Patient mit einem besonderen Aufwand nach seinem Terminplan gerichtet hat oder wenn sich ein Vater überwinden musste, zum Elterngespräch mitzukommen und eine positive Bestätigung braucht.

Gesprächstechniken

Aktives Zuhören

Psychosoziale Beratung baut auf aktivem Zuhören auf. Das Ziel dieser Art des Zuhörens ist darauf ausgerichtet, die Aussagen des Gesprächspartners in deren sachlichem und emotionalem Gehalt zu verstehen und ihm dieses Verständnis zu zeigen, so dass er sich auch tatsächlich verstanden fühlt. Aktives Zuhören besteht aus drei Elementen, dem Zeigen von Aufmerksamkeit, dem sachlichen Umformulieren des vom Gesprächspartner Gesagten (Paraphrasieren) und dem Rückmelden des verstandenen emotionalen Kerns des Gesagten (Verbalisieren). Ein Beispiel aus der Physiotherapie (Lippka 2015, 25):

Patient:	Genau so eine Behandlungsliege hatte mein Vater auch in seiner Praxis.
Therapeut:	Wirklich? War Ihr Vater auch Physiotherapeut?
Patient:	Nein, er war Masseur!
Therapeut:	Hm (nickt aufmerksam).
Patient:	Er hatte seine Praxis bei uns zu Hause.
Therapeut:	(hält inne, nimmt sich einen Hocker und setzt sich in die Nähe des Patienten). Dann sind Sie ja praktisch vom Fach?
Patient:	Nein, nein, ich war im Einzelhandel tätig. Aber als Kinder haben wir manchmal in der Praxis meines Vaters gespielt, auch mit seinem Plastik-Skelett. Damit hat er immer seinen Patienten erklärt, wie die Wirbelsäule funktioniert und solche Dinge.
Therapeut:	Ihr Vater hat Ihnen und Ihren Geschwistern erlaubt, in der Praxis zu spielen? Sogar mit dem Skelett (lacht)?
Patient:	Ja, und manchmal hat er uns dann lange Vorträge über die Rückenmuskulatur gehalten – mit dem Skelett.
Therapeut:	Ihr Vater hat Ihnen sozusagen medizinische Vorlesungen zuteilwerden lassen (lacht erneut)?
Patient:	Ja, sozusagen (lacht ebenfalls).
Therapeut:	Dann sind Sie ja quasi Profi, was die Anatomie angeht.
Patient:	Naja, Profi? Aber ich kenne mich gut aus. Es hat mich auch schon immer interessiert. Mein Sohn hat das leider nicht von mir. Ich wollte ja eigentlich, dass er Medizin studiert. Jetzt ist er Werbegrafiker in Düsseldorf.
Therapeut:	Hm (nickt mit dem Kopf).

Patient: Jedenfalls hat er sich immer beschwert, wenn daheim die ganzen medizinischen Bücher herumlagen. Ich habe die immer verschlungen.
Therapeut: Also haben Sie sich auch später noch für Medizin interessiert?
Patient: Bis heute!

Aufmerksamkeit zeigen
Der Gesprächspartner beginnt dem Berater zu vertrauen und sich ihm zu öffnen, wenn er dessen Grundhaltungen von Echtheit, Empathie und Wertschätzung zu spüren beginnt. Deshalb zeigt der Berater sein ernsthaftes und wohlwollendes Interesse an seinem Gegenüber durch kleine Zeichen der Zuwendung, mit ihm zugewandter Körperhaltung, Blickkontakt, gelegentlichem Kopfnicken oder einer einladenden Handgeste und öfters mit einer präverbalen Äußerung wie „hm", „mhm", „aha" oder einer verbalen wie „ja", „echt?", „unglaublich!", „ist ja toll". Allerdings darf Aufmerksamkeit zeigen nicht inflationär werden: Zu ausladende Gestik, groteske Mimik oder stereotype sprachliche Äußerungen (besonders modern: „O.K.") lassen Gesprächspartner zu recht an der Empathie des Beraters zweifeln.

Paraphrasieren und Verbalisieren
Beim Paraphrasieren wird das vom Gesprächspartner Gesagte oder ein Teil dessen in eigenen Worten wiedergegeben. Dabei kann es sich lohnen, darauf zu achten, ob der Gesprächspartner bevorzugt Worte eines bestimmten Wahrnehmungssinns verwendet (vom Sehen, Hören oder Spüren), und im Paraphrasieren auch Worte dieses Sinnes zu verwenden. Die gehörten und paraphrasierten Meinungen und Haltungen des Gesprächspartners müssen alle respektiert werden, was aber natürlich nicht heißt, dass sie alle auch geteilt und akzeptiert werden müssen.

Das Entscheidende beim aktiven Zuhören ist jedoch, dass man sich nicht nur auf den sachlichen Inhalt des Gesagten konzentriert, sondern zusätzlich versucht, vermittelte Gefühle und Empfindungen zu erfassen und diese Wahrnehmungen dem Gesprächspartner durch **Verbalisierung** zugänglich zu machen. Dabei geht es um das In-Worte-Fassen dessen, was man „mit dem dritten Ohr" wahrnimmt oder was „zwischen den Zeilen steht", also der verbalen und nonverbalen Zeichen, die den emotionalen Gehalt einer Aussage ausmachen. Beim unverkrampften Zuhören ist es sinnvoll, ab und zu auf einen der verschiedenen Aspekte des Sprechens und auf die Kategorien der Bedeutung von Zeichen zu achten.

Aspekte des Sprechens sind

- **Inhaltsaspekt**: Information über einen Sachverhalt, Daten und Fakten, aber auch Meinungen, Haltungen, Sichtweisen und Wertungen.
- **Beziehungsaspekt**: Jede Äußerung enthält eine oft nur durch die Stimmführung oder begleitende Mimik und Gestik vermittelte Beziehungsaussage, das heißt, einen Hinweis darauf, wie der Sprecher vom Zuhörer verstanden werden möchte.
- **Selbstdarstellungsaspekt**: Dieser kann aus gewollten Teilen (sich zum Beispiel besonders hilfsbereit zeigen) und aus unbeabsichtigten Teilen (zum Beispiel Zittern in der Stimme bei Hemmungen) bestehen.
- **Appell-Aspekt**: Der Sprecher fordert den Zuhörer auf, etwas zu denken oder zu fühlen, zu tun oder zu unterlassen (Abbildung 6).

In der Aussage: „Gib mir endlich den Schraubenschlüssel!" sind mehrere Aspekte leicht zu erkennen: Das Substantiv „Schraubenschlüssel" weist auf den Inhaltsaspekt, das Adverb „endlich" auf die Ungeduld des Sprechers als Beziehungs- oder Selbstdarstellungsaspekt und das Verb „gib" auf den Appell-Aspekt hin.

Kategorien der Bedeutung von Zeichen sind

- **Denotative Bedeutung**: Das ist die hinweisende, lexikalische Bedeutung, also die allgemeine Bedeutung eines Zeichens oder Wortes, die man in einem Lexikon nachlesen kann, und die

- **Konnotative Bedeutung**: Sie umfasst den ganzen Bedeutungshof, den ein Zeichen oder Wort für ein bestimmtes Individuum enthalten kann. So bedeutet zum Beispiel der Begriff „Bauernhof" für einen auf dem Land aufgewachsenen Menschen etwas Größeres, viel mehr Elemente Umfassenderes als für einen Städter. Je nach der Beschaffenheit der Erlebnisse, die Ersterer auf dem Land in der Kindheit erlebt hat, hat der Begriff auch in seinem Erwachsenenleben eine intensivere emotionale Qualität mit vielen positiven und negativen Erinnerungen als für den Städter, der Bauernhöfe nur von Wanderungen her kennt.

Abb. 6: Ein als Denotation missverstandener Appell

Allerdings ist beim Verbalisieren auch Vorsicht geboten. Viele Menschen schätzen es nicht, wenn sie meinen, eine rein sachliche Aussage gemacht zu haben, vom Gegenüber dann aber auf Gefühle angesprochen werden. Sie können ein vom Berater richtiger- oder fälschlicherweise erahntes und verbalisiertes Gefühl als Unterstellung empfinden. Wenn das ihrer Äußerung zugesprochene Gefühl zwar zutreffend, aber für sie unangenehm oder ängstigend ist, können sie sich sogar ertappt fühlen und zu Recht vorsichtiger und verschlossener werden. Aus diesem Grund muss sich der Berater bemühen, für jeden Ratsuchenden individuell und in jedem Gespräch oder sogar Gesprächsteil neu das hilfreiche Maß an Häufigkeit und Tiefe seiner Verbalisierungen herauszufinden. Keinesfalls darf der Berater darauf bestehen, er habe schon richtig wahrgenommen. Er muss akzeptieren, dass er sich vielleicht getäuscht hat oder der Gesprächspartner zu diesem Zeitpunkt nicht oder noch nicht bereit ist, der verbal oder nonverbal zurückgewiesenen Verbalisierung zuzustimmen.

Hilfreich beim vorsichtigen Verbalisieren sind Formulierungen, die dem Gesprächspartner die Möglichkeit zu widersprechen erleichtern. Zum Beispiel diese: „Ich könnte mir vorstellen, ... habe den Eindruck ... das Gefühl ... den Gedanken ...“.

Begleiten und Führen

Der psychosoziale Berater soll stets der Gesprächsleiter bleiben. Aber er muss nicht immer alles im Griff haben. Er kann manchmal auch darauf vertrauen, dass sein Gesprächspartner ihn in eine Richtung führt, die für diesen von besonderer Bedeutung ist. Der Berater kann vor jedem Gespräch entscheiden, ob er seinen Gesprächspartner direkt führen („leading") oder ihn zunächst nur begleiten will („pacing"). Beim Leading lenkt der Berater das Gespräch sanft oder bestimmt, stets bereit, zu entscheiden, ob er einer Abweichung des Gesprächs folgen will oder nicht. Das Pacing beschreiben Gomez und Walzik (2002, 6) wie folgt:

> „Der Begleitende entscheidet sich [...] dafür, den Partner in den Mittelpunkt der Kommunikation zu stellen, sich dessen Tempo anzupassen und ihn dort abzuholen, wo er momentan verhaltens- und gefühlsmäßig steht. Auf Ratschläge, das Anbieten von Lösungen, direkte Fragen, Interpretationen usw. wird verzichtet. Diese Partnerorientierung folgt der Überzeugung, dass der Gesprächspartner selbst in der Lage ist, sein Problem zu beschreiben und Lösungen zu entwickeln."

Das ästhetische Wiesel

Ein Wiesel
saß auf einem Kiesel
inmitten Bachgeriesel
Wisst ihr
weshalb?
Das Mondkalb
verriet es mir
im Stillen:
Das raffinierte Tier
tat's um des Reimes willen.
(Christian Morgenstern)

Das Fragen

Direkte Fragen sind ein hervorragendes Mittel, um einen anderen Menschen besser kennenzulernen, insbesondere die sechs „W-Fragen“: Wer?, Was?, Wann?, Wo?, Wie? und Warum? Die „Warum“-Frage sollte allerdings während des aktiven Zuhörens spärlich verwendet werden, weil sie manchmal als Aufforderung zur Rechtfertigung einer Äußerung verstanden wird. Sie kann durch „Wie kam es dazu?“ oder „Wie hat sich das ergeben?“ ersetzt werden. Besondere Frage-Typen sind in Tabelle 4 dargestellt.

Die Gefahr, zu genau fragen zu wollen

Genau fragen ist gut. Aber ab und zu ist dem Berater im Gespräch noch nicht ganz klar, wie er eine Frage stellen möchte. Dann beginnt er vielleicht umständlich die Frage neu zu formulieren, sucht nach Worten, vielleicht nach einer Umschreibung ... Das ist auch in Ordnung. Sobald aber der Patient zu antworten beginnt, ist es klug, die weitere Ausformulierung der Frage anzuhalten und zuzuhören. Vielleicht hat der Patient die Frage längst verstanden und weitere Formulierungsbemühungen des Beraters behindern nur den Dialog.

Fragen des Patienten

Normalerweise können die Fragen des Patienten direkt und in der Ausführlichkeit beantwortet werden, die zum Gegenstand der Frage und zum Patienten passen. Allerdings lohnt es sich, während des Zuhörens auch auf die nonverbalen Zeichen des Fragenden zu achten, weil diese manchmal Hinweise auf den Hintergrund der Frage geben. Welches sachliche oder emotionale Anliegen steht hinter der Frage, ein Wunsch, eine Befürchtung?

Es gibt aber auch Situationen, in denen Sachfragen nicht sofort beantwortet werden sollten, beispielsweise dann, wenn der Patient ein Gesprächsthema, das sich gerade zu einem gewissen Höhepunkt entwickelt hat, mit einer sachfremden Frage abrupt unterbricht. In diesem Fall ist es möglich zu sagen:

> „Ou, jetzt bin ich überrascht, dass Sie das fragen. Wir haben gerade über ... gesprochen und ich möchte gern noch einen Moment beim Thema bleiben. Danach werde ich gerne auf Ihre Frage antworten.“

Wenn man in einer solchen Situation sofort die Sachfrage beantwortet, gibt man die Gesprächsleitung in einem Moment aus der Hand, der vielleicht für alle Beteiligten zu einer neuen Einsicht geführt hätte.

Gesprächsleiter bleibt immer der Berater.

Fragen-Typ	Beispiel
Offene Fragen	Die W-Fragen: „Wer?“, „Was?“, „Wann?“, „Wie?“, „Wo?“ „Warum?“ und Erweiterungen wie „Bis wann?“
Geschlossene Fragen	Fragen, die nur mit „Ja“ oder „Nein“ beantwortet werden können.
Vergleichsfragen	„Wie schätzen Sie Ihr Arbeitstempo ein, verglichen mit dem Ihrer Arbeitskollegen?“
Skalierungsfragen	„Wie stark sind heute Ihre Schmerzen auf einer Skala von 0 bis 10?“
Hypothetische Fragen	„Wie würden Sie reagieren, wenn Ihr Sohn Sie im Tischtennisspiel besiegen würde?“
Trichterfragen	„Was meinen Sie mit ...?“ „Welche Art von Problem ...?“ „Wie kann ich mir das vorstellen?“
Verbesserungsfragen	„Welche Lösungsmöglichkeiten haben Sie schon ausprobiert?“ „Was macht es Ihnen leichter?“
Fragen nach Ausnahmen	„Gibt es auch Momente, in denen Ihre Stimme normal klingt?“ „Vergessen Sie manchmal Ihr Problem?“
Multiple Fragen	„Es geht besser, seit Sie das Medikament regelmäßig nehmen und Sie besser schlafen?“
Suggestive Fragen	„Es geht Ihnen heute besser, oder?“ „Haben Sie diesen Ärger nicht schon vor Kurzem einmal erlebt?“
Provozierende Fragen	„Denken Sie das wirklich im Ernst?“ „Glauben Sie, damit kommen Sie durch?“

Tab. 4: Unterschiedliche Typen von Fragen

Allerdings ist es kaum ein Zufall, wenn ein Patient ein intensives Gespräch in einem Gedankensprung mit einer sachfremden Frage unterbricht. Es ist eher ein Zeichen dafür, dass ihm das besprochene Thema zu nah gekommen ist, und sollte deshalb auch ein Hinweis für den Berater sein, sich in der Weiterführung des Gesprächs vorsichtiger zu bewegen.

Ebenfalls nicht sofort antworten sollte der Berater, wenn er ahnt, dass er keine schnelle und einfache Antwort kennt. Da sollte er den Mut aufbringen, zu sagen: „Das weiß ich nicht." Je nach Situation kann er anfügen: „Da muss ich selbst noch darüber nachdenken, recherchieren oder nachfragen". Dieser Mut macht sich bezahlt, denn er schützt den Berater davor, in Beweisnotstand oder Behauptungen abzugleiten und schützt den Patienten vor verwirrenden Informationen.

Gegenfragen

Wenn der Berater auf eine Frage des Patienten sogleich mit einer Gegenfrage antwortet, kann das leicht als Ausweichen oder Kritik („Warum stellen Sie eine solche Frage?"), ja sogar als unerwünschtes Eindringen in die Motivation des Fragestellers erlebt werden. Besser ist es, die Frage zunächst zu beantworten und erst danach, wenn das Motiv des Fragestellers noch verschwommen bleibt, nach diesem zu fragen.

Weitere Gesprächstechniken

Folgende Gesprächstechniken, die aus der nicht-direktiven Gesprächspsychotherapie, der Gestalttherapie und der systemischen Familientherapie stammen, können dabei hilfreich sein (Tabelle 5):

Technik	Erklärung
Spiegeln	Wiederholung der letzten paar Worte des Klienten, um ihn zum Weitersprechen zu ermutigen. Beim selektiven Spiegeln werden Worte mit vermutlich besonderer Bedeutung aus der Mitte der Äußerung wiederholt.
Veranschaulichen	Gehörtes wird in einem Vergleich, einer Analogie oder Metapher gespiegelt, z. B. „Wie ein Bettler vor dem König" oder „Das klingt gerade so, als ob Sie ..."

Technik	Erklärung
Zusammen-fassen	Bei komplexen oder langatmigen Aussagen des Klienten ist eine Zusammenfassung des inhaltlich oder auch emotional Gehörten oft hilfreich, wenn nötig auch unterbrechend: „Moment, verstehe ich das richtig, ...?“
Umdeuten (Reframing)	Indem das Gehörte in einen anderen Kontext (Frame) gestellt wird, erfährt es eine neue Bedeutung. Dabei werden meist Schwächen zu Stärken oder Krisensymptome zu Zeichen für Veränderungen umgedeutet: „Ihr Ärger zeigt Ihnen, was Sie verändern möchten.“
Zirkuläres Fragen	Der Klient wird aufgefordert, zu fantasieren, was eine Bezugsperson zum besprochenen Thema sagen würde: „Wie würde Ihre Mutter, Ihr Sohn reagieren?“
Feststellen	Eine deutlich wahrgenommene emotionale Reaktion wird direkt benannt: „Da fühlten Sie sich komplett im Stich gelassen.“
Konfrontieren	Ein Widerspruch zwischen zwei Aussagen, einer Haltung und einer Handlung, oder zwischen verbalem und nonverbalem Ausdruck wird direkt angesprochen: „Ihr Gesicht wirkt aber nicht gerade glücklich.“
Normalisieren	Das ist eine besondere Form des Reframing: Dem Klienten wird erklärt, dass das, was er gerade zu einem berichteten Ereignis denkt und fühlt, eine gut verständliche, normale menschliche Reaktion ist.
Vorschlagen	Eine alternative Möglichkeit des Denkens oder Handelns wird vorgestellt, vielleicht eine, von der der Berater ahnt, dass der Klient auch schon an sie gedacht hat: „Wie wäre es, wenn Sie in dieser Situation ...?“
Lachen	Auch in ernsten Gesprächen können sich lustige Momente ergeben. Die Fähigkeit, mit einer witzigen Bemerkung auf die bittersüße Qualität eines Lebensereignisses hinzuweisen, kann befreiend wirken.
Pausen	Pausen bieten mehrere Vorteile: Berater und Patient können besser merken, wie es ihnen im Moment geht. Der Patient hat eine einfache Möglichkeit, einen Themenwechsel einzuleiten, und wenn der Berater gerade nicht weiß, was er sagen soll, gerät er nicht ins Agieren und füllt Pausen nicht mit inhaltsleeren Worten.
Schweigen	Bei einer bereits bestehenden gewissen Vertrautheit können Momente des Schweigens wohltuend wirken. Allerdings halten einige Patienten dies nur kurz aus und fühlen sich schnell unter Druck. Da muss der Berater mit ein paar Worten für Entlastung sorgen.

Tab. 5: Gesprächstechniken

Unter den verschiedenen Gesprächstechniken ist hier Lachen aufgeführt. Aber Humor und Lachen stammen irgendwie aus einer anderen Welt. Sie scheinen eher mit bildender Kunst oder Musik als mit Technik verwandt zu sein. Humor entfaltet in der Therapeut-Patient-Beziehung eine Wirkung, die Lippka (2015, 96) so beschreibt:

> „Eine einfache Bemerkung, über die Sie und auch Ihr Patient lachen können, schafft ganz schnell eine Gemeinsamkeit, einen ‚Common Ground', der vorher nicht da war. Gemeinsames Lachen verbindet – stark, unmittelbar und situativ ..."

Lippka warnt aber auch vor falscher Dosierung oder unangebrachten Inhalten des Humors (Witze über bestimmte Religionen, andere Ethnien, das andere Geschlecht oder Witze mit sexuellen oder politischen Inhalten). Seine Präferenz ist der feine Humor, der – wie im folgenden Beispiel aus der Ernährungsberatung – zum gemeinsamen Schmunzeln anregt (Lippka 2015, 34f):

Therapeut: Und, wie schaut es mit der Ernährung aus? Kommen Sie jetzt besser mit Ihrem Speiseplan zurecht?

Patient: (lacht) Mit dem Essen hatte ich ja noch nie Probleme, wie man sieht. Und außerdem stimmt das nicht, was die Frau Doktor da über meine Gelenke gesagt hat. Ich war schon immer (sucht nach Worten), sagen wir mal etwas mollig, aber ich habe früher nie Schmerzen gehabt.

Therapeut: Hat Frau Doktor nicht gesagt, dass es sich bei der momentanen Problematik definitiv um Abnutzungserscheinungen handelt?

Patient: Doch, doch ... Aber die hätte ich wahrscheinlich sowieso bekommen. Meine Nachbarin, die Frau T., ist dürr wie eine Bohnenstange und jammert ständig über ihren kaputten Rücken. Die wiegt aber nicht einmal die Hälfte von mir.

Therapeut: (lacht) Nun ja, ich kenne Ihre werte Nachbarin leider nicht, aber um auf Ihre Schmerzproblematik zurückzukommen ... Wieso, glauben Sie, möchte denn die Frau Doktor, dass Sie abnehmen?

Patient: Naja, dumm bin ich nicht. Mir ist ja klar, dass das (weist auf den Bauch) nicht unbedingt mein Wohlbefinden fördert. Und wenn ich mit meinen kaputten Knochen immer dieses Gewicht mitschleppe, dann kann es ja nicht besser werden ...

Therapeut: (lächelt) Sie sagen es.
Patient: Ja, ja, aber mein Glas Rotwein zum Schlafen, das lasse ich mir sicher nicht nehmen. Meine Oma sagte immer: „Ein guter Wein macht ein gutes Blut."
Therapeut: (lacht) Und wissen Sie, was meine Oma immer gesagt hat?
Patient: (schüttelt den Kopf).
Therapeut: Allein die Dosis macht das Gift.
Patient: Das stimmt auch wieder ...
Therapeut: (lächelt) Also bleiben Sie noch etwas beim Abnehmen dabei?
Patient: Ja, sicher, wenn es nix nutzt, dann schadet es wenigstens nicht.
Therapeut: Ist das auch von Ihrer Oma (lacht)?
Patient: (lacht ebenfalls) Nein, nein, das ist von mir!!!

Bei allen Interventionen sollten ein verbales Zurückweisen durch den Klienten oder Zeichen einer nonverbalen Ablehnung akzeptiert werden, denn sie signalisieren, dass der Berater eine Aussage falsch interpretiert hat oder der Klient die bestimmte Intervention zurzeit nicht gebrauchen kann. Wenn der Klient die Intervention entrüstet zurückweist, ist es angebracht, zu sagen: „Da habe ich mich wohl getäuscht“ oder „Das war wohl nicht so schlau von mir.“

Aufmerksamkeit für Themenwechsel

Themenwechsel kommen in Beratungsgesprächen öfters vor, manchmal auch unbemerkt, so dass sich das Gespräch in eine Richtung entwickeln kann, die der Berater nicht will. Deshalb ist es klug, ein Ohr für Themenwechsel offen zu halten:

- Wann hat sich ein Themenwechsel vollzogen? Warum?
- Wer hat den Themenwechsel eingeleitet?
- Wer hat nach einer Pause ein neues Thema aufgegriffen?
- Will ich einem Themenwechsel des Patienten folgen oder sagen: „Ich möchte für einen Moment noch beim vorhergehenden Thema bleiben“, den vorgeschlagenen Themenwechsel aber in Erinnerung behalten und später nachfragen: „Möchten Sie jetzt noch von ... sprechen?“

Eindrücke im Verlauf des Gesprächs

Während des Gesprächs lassen sich hilfreiche Informationen über den Patienten aus nonverbalen Zeichen ablesen, die der Berater durch an sich selbst gestellte Fragen erkennen kann:

- Scheint der Patient daran interessiert zu sein, sich selbst auf objektive Art zu sehen, das heißt, zu versuchen, sich aus einer gewissen Distanz zu betrachten?
- Mit welchen nonverbalen Zeichen antwortet der Patient auf die Frage, was er seit dem letzten Gespräch im Alltag bemerkt hat?
- Zeigt er Zeichen von Interesse, Erregung, Unbehagen, Furcht, Angst, Traurigkeit, Schweigsamkeit, Ungeduld?
- Wenn seine Stimme angespannter wirkt: Was wird gerade besprochen?
- Wenn der Therapeut etwas Wahrgenommenes, das dem Patienten nicht bewusst ist, spiegelt: Scheint er gehört zu werden?

Technische Hilfsmittel

Für diagnostische Zwecke und gezielte Verlaufsbeobachtungen existiert eine Menge standardisierter, halb- und nicht-standardisierter psycho- und soziometrischer Verfahren, die meisten in Form von Fragebögen, die das Verständnis für den Patienten fördern können. Bei der Anwendung solcher Hilfsmittel wird aber oft vergessen, dass sie selten wertvolle Informationen über die biografische Entwicklung eines einzelnen Patienten vermitteln, da sie meist nur eine Zuordnung des Patienten zu einer Kategorie ähnlicher Patienten anstreben. Außerhalb der rein diagnostischen Arbeit werden diese Hilfsmittel allzu oft zur Rechtfertigung der Therapeuten gegenüber Kostenträgern oder zur Absicherung gegenüber rechtlichen Forderungen benutzt. In der psychosozialen Beratung ist – außer bei ganz spezifischen Fragestellungen – die Verwendung solcher Hilfsmittel selten notwendig und kann sogar den unvoreingenommenen klinischen Blick beeinträchtigen. Zwei einfache Verfahren dieser Kategorie und zwei technische Hilfsmittel erweisen sich in der psychosozialen Beratung jedoch als hilfreich: das Familiensoziogramm und das Genogramm sowie Foto- und Videoaufnahmen.

Familiensoziogramm und Genogramm

Für die einfachste Form eines Familiensoziogramms wird dem Patienten ein quadratisches Gitter mit zum Beispiel 15 x 15 kleinen Quadraten vorgelegt und folgende Instruktion erteilt:

- Zeichnen Sie die Mitglieder Ihrer Familie als Kreise (weiblich) und Vierecke (männlich) in das Gitter.
- Wählen Sie die Größe der Kreise und Vierecke nach der Bedeutung, die den Personen Ihrer Meinung nach in der Familie zukommt.

- Beschriften Sie jede Person mit Vornamen und Alter.
- Falls andere Personen für Ihre Familie auch besonders wichtig sind (z. B. Großeltern, Onkel, Tante, Freunde), können Sie diese auch einzeichnen.

Die Soziogrammvorlage kann den Patienten oder den Eltern (dann zwei Vorlagen) nach Hause mitgegeben werden, wo diese in Ruhe zeichnen können. Bei der anschließenden gemeinsamen Besprechung werden die Zeichnungen vom Berater nicht metrisch ausgewertet oder tiefenpsychologisch interpretiert, sondern nur als Abbild subjektiv empfundener Wirklichkeiten vorgestellt und diskutiert: „Was haben Sie beim Zeichnen gedacht, was empfunden?", könnte die Einstiegsfrage sein. Eine Mutter antwortete zum Beispiel auf die Frage: „Ich habe es nicht so zeichnen wollen, habe es aber so zeichnen müssen, weil es so ist." (Abbildung 7)

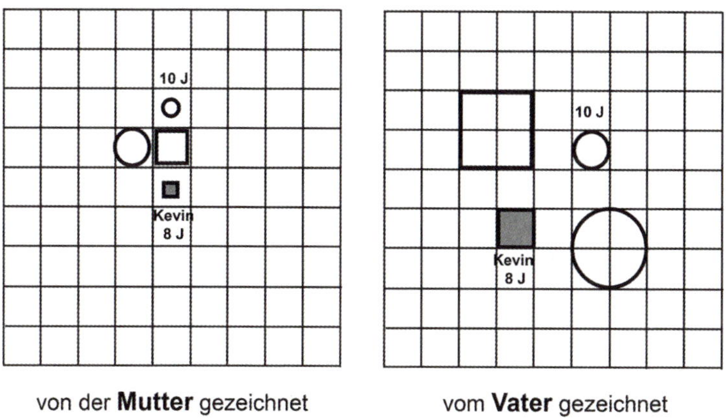

Abb. 7: Die Familie von Kevin, 8 Jahre

Die Mutter meinte damit die in der Abbildung erkennbare größere Nähe der Kinder zum Vater als zu ihr und ihren Schmerz über diese „Tatsache". Zunächst nicht ausgesprochen wurde die im väterlichen Soziogramm ersichtliche, scheinbar durch die Position der Kinder „verursachte", Distanz zwischen den Eltern.

Das **Genogramm**, eine piktografische Darstellung von Familienbeziehungen über mehrere Generationen, sozusagen ein kommentierter Familienstammbaum, wird am fruchtbarsten in gemeinsamer Arbeit von Berater und Patient erstellt, vom einen oder beiden gezeichnet und von beiden ergänzt, diskutiert und geklärt. Die Piktogramme (Quadrate für männliche, Kreise für weibliche Familienmitglieder) beinhalten Vornamen, Alter, Beruf und Zivilstand, können aber auch durch Angaben zu besonderen Ereignissen, Erkrankungen oder Behinderungen ergänzt werden. Besondere Beziehungen zwischen Familienmitgliedern lassen sich mit kommentierten gestrichelten Pfeillinien darstellen (Abbildung 8).

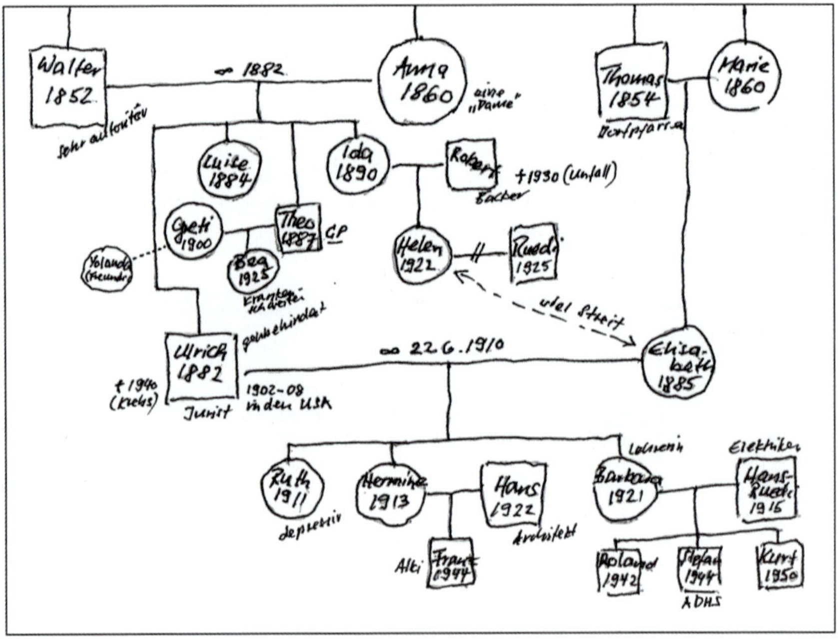

Abb. 8: Genogramm über vier Generationen

Video- und Fotoaufnahmen

Videoaufnahmen von Patienten können hilfreich sein, vor allem, wenn sie zusammen mit dem Patienten analysiert werden. Dabei muss der Berater darauf achten, die gemeinsam zu betrachtenden Szenen sorgfältig aus dem meist umfangreichen Aufnahmematerial auszuwählen, damit er dem Patienten das zeigen kann, was für diesen hilfreich sein könnte. Für die Auswahl einiger zwanzig Sekunden langer Szenen aus einer Aufnahme von dreißig Minuten benötigt man locker eine Stunde Arbeitszeit. Zur Absicherung der Garantie des Rechts am eigenen Bild muss dringend ein gegenseitig unterschriebenes Formular in doppelter Ausführung ausgefüllt werden, das folgende Daten enthalten soll:

- Namen von Patient und Berater
- Datum der Aufnahme
- Verwendungszweck (alle Verwendungszwecke)
- Personen, die Einblick in das Bildmaterial erhalten dürfen (Achtung: Bildmaterial zu Schulungs-, Forschungs- oder Publikationszwecken muss besonders ausgewiesen werden)
- Datum, wann die Aufnahme spätestens wieder gelöscht wird
- Datum der Vereinbarung mit beiden Unterschriften

Fotoaufnahmen von Patienten können als Porträts für die Patientendokumentation oder als Detailaufnahmen für das Festhalten von Entstellungen (z. B. Mutilationen, Fehlbildungen) und deren Veränderung dienen. Bei Kindern sind sie zusätzlich nützlich für das Festhalten von Spielszenen.

Auch für Fotoaufnahmen braucht es ein schriftliches Einverständnis von Patient oder Eltern.

War einmal ein Bumerang;
war ein weniges zu lang.
Bumerang flog ein Stück,
Aber kam nicht mehr zurück.
Publikum – noch stundenlang –
wartete auf Bumerang.
(Joachim Ringelnatz)

Die Beratung im zeitlichen Ablauf

Vor dem Erstkontakt

Ein erstes inneres Bild, das sich der Berater vom Patienten macht, entsteht zum Zeitpunkt der mündlichen, telefonischen oder schriftlichen Zuweisung des Patienten oder bei dessen direkter telefonischer Anmeldung. Mit den ersten persönlichen und medizinischen Informationen und den ersten eigenen Eindrücken (am Telefon auch von der Stimme und Sprechweise des Patienten) konfiguriert sich im Berater schon eine vielschichtige Vorstellung vom Patienten, zu der er in freier Assoziation fantasieren kann. Mit solchem Fantasieren kann er sich bereits auf mögliche Highlights oder Frustrationen in der Begegnung mit dem Patienten einstimmen. Natürlich stimmen viele Fantasien wenig oder gar nicht mit der Wirklichkeit überein, aber den vielen Möglichkeiten, Fantasiebilder durch spätere neue Informationen zu korrigieren, darf der Berater ruhig vertrauen.

Erwartungen
Gedanken darüber, was mit dem neuen Patienten auf den Berater zukommen wird, sind sehr willkommen. Drei Quellen von Erwartungen lassen sich zu diesem Zeitpunkt erstmals abschätzen:

- Was erwartet der **Zuweisende** oder jene Person, die dem Patienten gerade diesen Berater empfohlen hat, von diesem? Sofortige Behandlung? Schnelle Therapieerfolge? Technische Perfektion oder eher sorgfältige zwischenmenschliche Begleitung?
- Was erwartet der **Patient**? Eine sachliche Unterstützung mit großem Expertenwissen? Eine Versicherung, dass alles nicht so schlimm sei? Eine kurze, schmerzlose Intervention? Eine hohe Flexibilität beim Festlegen von Terminen? Hoffentlich kein Hinterfragen der gesamten Lebenssituation?
- Was erwartet der **Berater** von sich selbst in der Zusammenarbeit mit diesem Patienten, von dem er schon einiges, aber doch noch so wenig weiß? Beeindruckt ihn dessen Beruf? Oder dessen Stimme am Telefon? Wenn ja, wie? Welche therapeutischen Fertigkeiten des Beraters werden wohl am meisten gefragt sein?

Vorbereitungen

Die Vorbereitung auf das Erstgespräch umfasst das Studium der zur Verfügung stehenden Patientenunterlagen, die Planung des vorgesehenen Gesprächsablaufs und einen Moment des In-sich-Gehens: Freut sich der Berater auf diesen Erstkontakt? Ist er neugierig? Oder hat er gewisse Bedenken?

Die weitere Vorbereitung umfasst einfache, aber auch wichtige Punkte:

- Wie sieht das Beratungszimmer zurzeit aus? Strahlt es Gemütlichkeit, Behaglichkeit oder eher Hektik aus?
- Wie soll die Sitzordnung sein? Wäre es zweckmäßig, frontal oder in einem Winkel leicht schräg zueinander zu sitzen? An einem Tisch oder mit einem kleinen Tisch dazwischen? Als vertrauensfördernd und zugleich nicht zu nah hat sich das einander in je 45 Grad zugewandte Sitzen an der gleichen Seite eines Tisches, dem Tisch zu- oder abgewandt, erwiesen.
- Welche Beleuchtung soll gewählt werden? Wer wird im Schatten, wer in der Sonne sitzen?
- Sollen Telefonanrufe während der Beratung entgegengenommen und andere Störungen akzeptiert oder verhindert werden?
- Ist für den Berater der Blick auf eine Uhr gewährleistet?

Erste Eindrücke

Wie wirkt der Patient bei der Begrüßung? Lächelt er, erscheint er verlegen, nervös, gehemmt oder bedrückt? Was sagt seine Mimik? Seine Gestik? Oder produziert er gleich zu Beginn einen Wortschwall? Sucht er den Augenkontakt oder vermeidet er ihn? Und sein Händedruck: Ist der kräftig oder überlässt er seine Hand schlaff der des Beraters? Wie ist er gekleidet? Was bringt er mit, eine kleine Tasche, einen Rucksack? Wie groß sind seine Schritte auf dem Weg zum Beratungsraum (neben, vor oder hinter dem Berater)? Und wie wirkt die Gesamterscheinung des Patienten auf den Berater? Sympathisch, befremdend, abstoßend? Nährt sie dessen Neugier oder mahnt sie ihn eher zur Vorsicht?

Solche Fragen lassen sich natürlich nicht alle bewusst stellen und beantworten. Sie sollen auch nicht nacheinander abgearbeitet werden, sondern dienen nur dazu, den Berater daran zu erinnern, wie vielfältig die Informationen sind, die er gleich zu Beginn der Interaktion mit dem Patienten in sich aufnehmen könnte ... und wahrscheinlich auch wahrnimmt, die meisten zwar unbewusst, aber deshalb nicht weniger wirksam.

Die Erhebung der Anamnese

Die Vielfalt der existierenden Anamnesebögen ist noch größer als jene der sozio- und psychometrischen Fragebögen. Sie erweckt den Eindruck, dass es einen idealen, umfassenden Anamnesebogen für das eigene Patientenkollektiv gibt, der nur gesucht werden muss. Doch das führt dazu, dass viele Kliniker mit einem viel zu umfangreichen Anamnesebogen „unterwegs" sind und regelmäßig Mühe bekunden, all die darin vorgesehenen Fragen in der zur Verfügung stehenden Zeit abzuarbeiten. Sie überspringen dann einige Punkte, entwickeln dabei ein schlechtes Gewissen und – das ist der wichtigste Punkt – verfügen dann nicht mehr über genügend Zeit, um mit dem Patienten über das zu sprechen, was für diesen am wichtigsten wäre.

Anamnesebögen kommt in der Ausbildung zum Therapeuten und in dessen frühen Berufsjahren eine wichtige Funktion zu. Sie vermitteln einige Sicherheit, wichtige Fragen nicht zu vergessen. Aber mit der Zeit muss der Therapeut lernen, die Hauptaufmerksamkeit auf den Patienten zu richten. Ein kurzer Anamnesebogen kann ihm dabei weiterhin eine Stütze sein. Die meiste Zeit sollte er aber dazu verwenden, auf die Art zu achten, wie der Patient auf Fragen antwortet. Er soll Schlüsselworte oder emotionale Betonungen seines Gesprächspartners aufnehmen, paraphrasieren und sich so in weiten Strecken im Gespräch vom Patienten leiten lassen. Zwar muss er problem- und störungsspezifische Informationen mit präzisen Fragen abklären, aber dies sollte – eingebettet in den ganzen Ablauf des umfassenden Anamnesegesprächs – höchstens ein Drittel der zur Verfügung stehenden Gesprächszeit beanspruchen.

Neben den problem- oder störungsbezogenen Fragen ist es hilfreich, wenn im Anamnesegespräch auch einige der folgenden vom Patienten angesprochenen – vielleicht nur angedeuteten – oder vom Berater ausgewählten Themen zur Sprache kommen:

- der Überweisungskontext (wer hat die Therapie oder Beratung empfohlen oder dazu gedrängt?)
- Beschreibung des Problems: Seit wann besteht es? Wann tritt es auf? Wie häufig? Wie fühlt es sich an? Wie intensiv kann es sein? Wie lässt es sich lindern? Was wurde schon dagegen unternommen? Was brächte eine Befreiung vom Problem?
- Vorstellungen des Patienten über die Ursachen des Problems

- Erwartungen an den Therapeuten oder Berater
- Soziale Einbettung (eigene Familie oder andere Beziehungsstruktur, Paarbeziehung, mit Kindern, Single; Herkunftsfamilie mit Geschwistern)
- Beruf (Art des Berufs, Position im Betrieb, Berufszufriedenheit)
- Freizeitgestaltung (Hobbys, Sport, Gesellschaftliches)

> Gonokokken kieken,
> kleine Morcheln horcheln.
> (Joachim Ringelnatz)

Die weiteren Gespräche

Im Verlauf der weiteren Beratung hat der Therapeut vor jedem Gespräch zu entscheiden, welche Themen er einbringen will; eine Rückmeldung zum Therapieverlauf, vielleicht eine Beobachtung oder eine Sorge, die er thematisieren möchte. Je nach Dringlichkeit dieser Themen hält er sich aber möglichst viel Raum frei, um auf Fragen, Anliegen und die Befindlichkeit des Patienten einzugehen.
Nicht selten ist jedoch das offene Gespräch mit dem Patienten schwierig, sei es, weil dieser den Berater mit vielen Worten überflutet oder im Gegenteil, weil er sich distanziert, schweigt, sich fast unnahbar verhält. Da sind Fähigkeiten zum Filtern und Fischen gefragt.

Filtern und Fischen in der Themenauswahl

In Abbildung 9 sind die beiden Fälle als Linien der Erzähldramatik mit den ihnen zugehörigen Behandlungs-„Instrumenten“ (Sonnenbrille und Fischernetz) dargestellt.

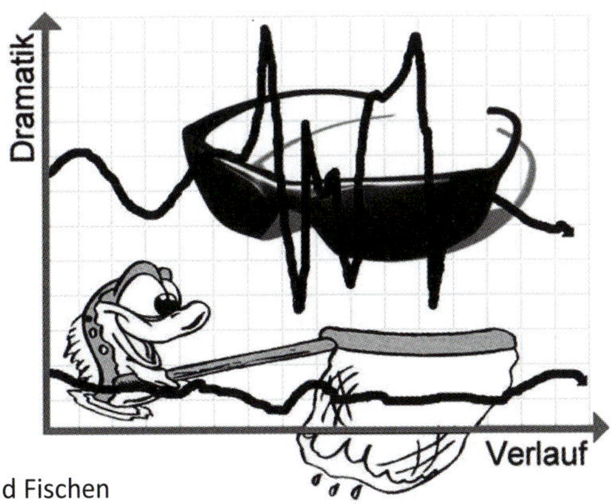

Abb. 9: Filtern und Fischen

Bei Patienten, die in ihrem Sprechen in den Ohren des Beraters ein Gewirr wichtiger und unwichtiger Themen hinterlassen, ist es die Aufgabe des Beraters zu **filtern**, das heißt, ein vermutlich bedeutungsvolles und für das Patientengespräch potentiell hilfreiches Thema oder Stichwort auszuwählen. Dies wird in Abbildung 10 illustriert.

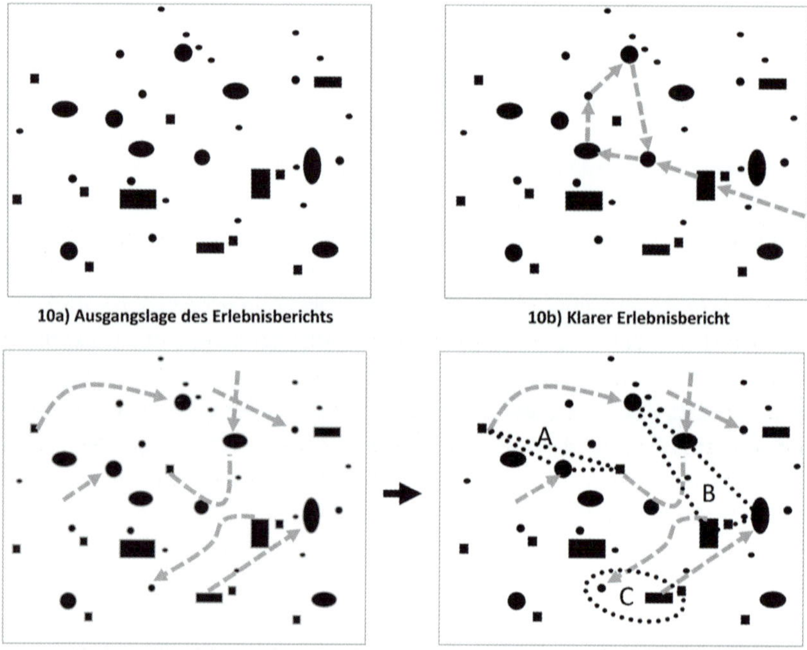

10a) Ausgangslage des Erlebnisberichts **10b) Klarer Erlebnisbericht**

10c) Wirrer Erlebnisbericht **10d) Themasuche nach wirrem Bericht**

Abb. 10: Die Selektion von Gesprächsthemen aus dem Erzählen des Patienten

Bild 10a zeigt die Ausgangslage des Erlebnisberichts: Die schwarzen Flecken sind die Elemente, von denen der Patient berichten könnte (Alltagsbegebenheiten, Personen, Aufgaben, Ärgernisse, Sorgen, Fantasien, Erklärungen). Die Größe der Flecken symbolisiert die Bedeutung, die der Therapeut in dem Element erahnt.

In **Bild 10b** ist ein „klarer Erlebnisbericht" eines Patienten dargestellt: Der Therapeut kann diesen Erlebnisstrang oder einen Ausschnitt dessen zum weiteren Gesprächsthema machen.

Bild 10c zeigt den Verlauf eines „wirren Erlebnisberichts“. Durch das häufige Springen vom einen zum anderen Element wirkt der Bericht assoziativ, als ob die erzählende Person sich nicht dafür entscheiden wolle (oder könne), sich mit einer bestimmten Thematik genauer auseinanderzusetzen.

In diesem Fall ist die aktive Selektion eines Gesprächsthemas durch den Therapeuten gefragt **(Bild 10d)**. Sie geschieht, indem der Therapeut in Gedanken eigene Substrukturen für die gehörten Informationen errichtet (schwarz gepunktete Linien). Dann entscheidet er sich für eine Substruktur (A, B oder C), schlägt sie als Gesprächsthema vor und beharrt dann – sofern der Patient das Thema akzeptiert – für eine gewisse Zeit darauf, dieses nicht zu verlassen. Nur so wird es möglich, mit wirr berichtenden Patienten konstruktiv an einem Thema zu arbeiten. **Die Subjektivität einer solchen Selektion des Gesprächsthemas** provoziert jedoch die Frage, ob denn die Wahl auch die beste war. Das muss sie aber nicht sein: Es gibt stets mehrere relevante Themen, deren Besprechung lohnend ist. Wichtig ist, dass es sich um ein Thema handelt, das in einem wesentlichen Zusammenhang zum Wohlbefinden des Patienten oder zu seinen Beschwerden steht und dass der Patient Bereitschaft zeigt, sich darauf einzulassen. Es ist immer wieder faszinierend festzustellen, wie eine befriedigend verlaufene Auseinandersetzung zu dem von der Therapeutin gewählten Thema X eine gewisse Zeit später Veränderungen im Verhalten des Patienten zum Thema Y hervorzurufen scheint, die von keinem gezielt angestrebt worden sind, von beiden aber begrüßt werden.

Das **Fischen** ist bei jenen Patienten angesagt, denen nur wenige Worte zu entlocken sind, die nur spröde antworten, gelangweilt oder müde aussehen. Wenn sie sprechen, verwenden diese Patienten oft stereotype Redewendungen wie „Das ist normal“, „So sind eben Kinder“ oder „Wie in jeder Familie“. Da muss der Berater versuchen, eine oder zwei kleine Besonderheiten im verbalen oder nonverbalen Ausdruck mit dem „Netz aufzufischen“ und anzusprechen: ein Wort, das mit einem angedeuteten Lächeln ausgesprochen wird, eine karge Beschreibung, die von einem Stirnrunzeln oder einer abweisenden Geste begleitet ist, oder ein Blick auf die Uhr. Ziel des Fischens ist es, ein Gesprächsthema zu finden, dem der Patient mit einem Mindestmaß an emotionaler Beteiligung zu folgen vermag. Das Fischen kann die Möglichkeit eröffnen, zu einem für Patient und Berater bedeutsamen Thema zu gelangen, in dem sich beide mit emotionaler Beteiligung bewegen können.

Wenn der Patient eine Verbalisierung zurückweist
Das Zurückweisen einer Verbalisierung des Beraters durch den Patienten ist ein Indiz für den Berater, seine Interventionstiefe anzupassen. Ein Beispiel:

Berater: „In dieser Situation sind Sie stark abhängig von Ihrer Mutter."
Patient: „Nein, nicht abhängig, aber ich habe dann ein schlechtes Gewissen ... und manchmal versuche ich eben, das zu vermeiden."

Hier könnte der Therapeut versucht sein, zu sagen: „Aber sehen Sie doch, genau das ist Abhängigkeit!" Das wäre aber nicht hilfreich, denn der Patient spricht ja gerade davon, wie sehr er um seine Unabhängigkeit kämpft, und kann das Etikett „Abhängigkeit" zu diesem Zeitpunkt nicht akzeptieren. Besser wäre deshalb nachzufragen: „Was ist der Nachteil, wenn Sie solche Situationen vermeiden?"

Zum Gesprächsabschluss
Wenn sich die Patienten im Gespräch wohlfühlen, spüren sie kaum, wie die Zeit verrinnt, und würden gerne noch eine Weile weitersprechen. Deshalb ist es die Aufgabe des Beraters, auf das Einhalten der vorgesehenen (abgesprochenen oder vom Berater geplanten) Gesprächsdauer zu achten. Das Gesprächsende kann er mit folgenden Worten einleiten: „Ich möchte für heute zu einem Abschluss des Gesprächs kommen. Gibt es etwas, was Sie gerade noch sagen möchten?" Wenn zu Gesprächsende noch ein abschließendes Thema zu besprechen ist oder Abmachungen zu treffen sind, kann er auch sagen: „Wir haben noch zehn Minuten Zeit. Das heißt, wir sollten jetzt einen gemeinsamen Abschluss des heutigen Gesprächs finden." Einige Patienten sprechen dann aber weiter oder schneiden wie nebenbei ein neues Thema an, das heißt, sie versuchen den Berater zu bewegen, die vorgesehene **Zeitgrenze** zu überschreiten. Der Berater, der seine Patienten nicht verärgern will, neigt dann dazu, ihnen noch mehr Zeit zur Verfügung zu stellen. Aber dazu darf er sich nur ausnahmsweise entscheiden. Wenn er seine Zeitlimite kommentarlos überzieht, hat dies unangenehme Auswirkungen:

- Der Berater signalisiert dem Patienten damit, dass er ihm nicht zutraut, die Enttäuschung über ein für ihn als zu früh empfundenes Gesprächsende zu ertragen.
- Der Patient macht die Erfahrung, dass sich sein Berater nicht an seine eigenen Regeln hält, also nicht zuverlässig ist.

- Der Patient fühlt sich geschmeichelt und denkt, der Berater möge ihn vielleicht mehr als andere Patienten. Mit der Zeit bemerkt er aber, wie der Berater unruhig und unaufmerksam wird, und denkt: „Ihn interessiert das, was ich sage, nicht wirklich“ oder sogar: „Auch er mag mich nicht.“

Aufmerksamkeit für Rahmensituationen

Der Berater, der auf dem Weg vom Wartezimmer in den Beratungsraum fragt: „Wie geht's?“, erfährt kaum etwas Bedeutendes. Wenn andere Menschen im Warteraum sitzen, bringt er seinen Patienten zudem in Bedrängnis. Soll dieser jetzt vor allen sagen, wie es ihm geht? Vielleicht sagt er dann einfach „Gut“ oder „Und selbst?“ Der Berater, der diese Rahmensituation für seine Frage nach dem Ergehen wählt, möchte vermutlich nur schnell zum „richtigen“ Arbeiten übergehen. Er wird auf das „gut“ des Patienten sagen: „Das ist schön“, und das Thema ist erledigt. Wenn er wirklich wissen will, wie's seinem Patienten geht, muss er die Frage im Behandlungszimmer stellen, und zwar nachdem die Türe geschlossen ist und beide sitzen.

Eine andere bedeutende Rahmensituation bietet sich nach dem Abschluss einer Therapiestunde an. Sie kann **Drei-Minuten-Türrahmengespräche** genannt werden. Wenn der Patient unerwartet noch eine Sachfrage stellt, eine ernsthafte Nebenbemerkung anbringt, einen Witz macht oder etwas sagt, von dem man nicht weiß, ob es ernst gemeint ist (zum Beispiel: „Also, dann werde ich mal schauen, ob zu Hause gekocht ist“), dann muss der Berater irgendwie reagieren. Er kann eine kurze Antwort auf die gestellte Frage geben oder selbst eine witzige Bemerkung machen. Beides ist nicht falsch. Aber eine solche Situation bietet auch die Chance, mit einer Frage oder einer persönlichen Reaktion auf den Inhalt der Bemerkung einzugehen, ein Inhalt, der vielleicht nur im Schutz der Verabschiedung angedeutet werden kann. „Wie haben Sie das gemeint?“, könnte man fragen, oder: „Das klingt jetzt aber traurig“. Wenn sich daraus ein kurzes Gespräch ergibt, lässt sich anbieten, zu Beginn der nächsten Sitzung nochmals auf das Thema zurückzukommen. Wenn dem Berater im Moment keine passende Antwort auf eine auffällige Verabschiedung einfällt, ihn der Abschied aber nachträglich noch immer beschäftigt, ist es möglich, zu Beginn oder gegen Ende der nächsten Stunde zu sagen: „Mir ist letztes Mal noch Ihre Bemerkung bei der Verabschiedung in Erinnerung geblieben. Wie hatten Sie das gemeint?“ Wie bedeutungsvoll ein Drei-Minuten-Türrahmengespräch sein kann, zeigt das folgende Beispiel (nach Lippka 2015, 26):

Patientin: (wirkt etwas traurig und geistesabwesend). Heute kommt mein Sohn mich besuchen.

Therapeut: So? Ich wusste gar nicht, dass Sie Kinder haben.

Patientin: Er ist auch, also er ist (zögert) nicht bei mir aufgewachsen.

Therapeut: (setzt sich und hört aufmerksam zu).

Patientin: Also, mir ist es damals dreckig gegangen. Ich wollte mich sogar umbringen.

Therapeut: (nickt) Sie wollten sich das Leben nehmen?

Patientin: Ja, aber das ist schon ewig her, fast zwanzig Jahre.

Therapeut: Zwanzig Jahre (spricht langsam und bedächtig).

Patientin: Ja, und dann hatten wir lange keinen Kontakt. Aber seit zwei Jahren sehen wir uns so zwei- bis dreimal im Jahr.

Therapeut: (bleibt aufmerksam) Hmmm, ich verstehe. Sie haben sich also wiedergefunden.

Patientin: Ja (lacht), eigentlich schon, aber bevor ich hier eingeliefert wurde, hatten wir einen Streit wegen seiner Freundin. Ich habe viele Sachen über sie gehört und ihn gewarnt. Naja, wir haben uns gestritten.

Therapeut: Schlimm?

Patientin: Naja, es geht mich ja wirklich nichts mehr an, aber ich wollte ihn beschützen.

Therapeut: Wie es Eltern nun mal so wollen (lacht gutmütig).

Patientin: (lacht auch) Eben, aber Kinder verstehen das meist nicht. Naja, und heute sehen wir uns zum ersten Mal seit dem Streit (wirkt verlegen).

Therapeut: Sind Sie nervös wegen des Besuchs?

Patientin: Ja, schon etwas.

Therapeut: Gibt es irgendetwas, was ich für Sie tun kann? Vielleicht soll ich unserem Sozialdienst Bescheid sagen?

Patientin: Nein, nein, das schaffen wir schon alleine, aber danke, dass Sie mir zugehört haben. Das musste raus.

Das Geierlamm
Der Geier, der ist offenkundig,
das Lamm hingegen untergrundig.
Es sagt nicht hu, es sagt nicht mäh
und frisst dich auf aus nächster Näh.
Und dreht das Auge dann zum Herrn.
Und alle haben's herzlich gern.
(Christian Morgenstern)

Nach dem Gespräch

Drei oder fünf Minuten sollte der Berater nach jedem Beratungsgespräch für die Selbstreflexion reservieren und Fragen der folgenden Art nachgehen (nach Beushausen 2016, Tabelle 6):

Fragen zur Selbstreflexion
Welche Atmosphäre war im Gespräch spürbar?
Welche Empfindungen, Gefühle schwingen nach?
Wann hatte ich ein Unbehagen?
Wann fühlte ich mich bedrängt durch den Klienten?
Auf wen richtete sich mein Mitgefühl?
Auf wen richtete sich mein Ärger?
Wann war ich hilflos oder ängstlich?
Wann hatte ich ein gutes Gefühl?
Was bedeutet das Gespräch für die weiteren Sitzungen?

Tab. 6: Fragen zur Selbstreflexion nach einem Gespräch

Schwierige Situationen

Starke Emotionen des Patienten

Emotionen, das heißt Freude, Lust, Angst, Wut und Trauer, machen das Leben lebenswert. Sie sind nie falsch, nie unbegründet, sondern widerspiegeln stets einen realen Erlebniszusammenhang. Aber sie können auch belasten. Ungeduld oder Trägheit kann schwer erträglich sein; Hilflosigkeit, Ohnmacht, Eifersucht, Neid, Niedergeschlagenheit, Hoffnungslosigkeit oder Angst können quälen. Eine Aufgabe des Beraters ist es, die Berechtigung aller Gefühle des Patienten zu bestätigen, eventuell nach deren Ursachen und Sinn zu fragen und dann mit dem Patienten nach Veränderungsmöglichkeiten für die Konfliktsituationen, auf die seine quälenden Gefühle hinweisen, zu suchen.

Tränen und Trauer

Wenn ein Patient im Gespräch feuchte Augen hat, kann der Berater fragen: „Was bewegt Sie gerade?“, und dann einen Moment warten. Wenn der Patient antwortet, begleitet der Berater ihn dabei mit Empathie und Wertschätzung. Wenn er nicht antwortet, kann der Berater nach einer Weile sagen: „Ich hatte den Eindruck, dass Sie vorhin auf eine schmerzliche Erinnerung gestoßen sind. Aber wenn Sie jetzt nicht darüber sprechen wollen, ist das auch recht.“ Weint oder schluchzt der Patient, benötigt er eine Zeit des Schweigens. Danach fragt der Berater: „Möchten Sie mir sagen, was Sie so stark bewegt?“ Wenn nach einer Zeit immer noch keine Antwort erfolgt, kann er fragen: „Was könnte ich jetzt gerade für Sie tun? Was würde Ihnen gut tun?“

Einige Patientinnen schätzen es, wenn der Therapeut bei Tränen ein Papiertaschentuch anbietet; einige Patienten schätzen es nicht, wenn eine solche Packung demonstrativ „weinbereit“ auf dem Besprechungstisch steht.

Trauer äußert sich aber oft nicht in Tränen, sondern eher in einem Hadern, Erstarren oder Erlahmen. Da kann es Aufgabe des Beraters sein, den Patienten in seiner aktuellen Phase der Trauer (Verneinung, Wut, Verhandeln, Depression, Akzeptieren) ein Stück zu begleiten, dabei Momente des Schweigens zu ertragen und mit eigener Hilflosigkeit mitzutragen.

Viele Emotionen äußern sich nur indirekt, zum Beispiel so:

- Angst durch Logorrhoe, viele Fragen, Unkonzentriertheit,
- Trauer durch Verleugnen der schmerzhaften Anteile eines Verlustes,
- Ärger durch Vermeiden von Blickkontakt.

Oft werden sie durch einen wechselnden Gesichtsausdruck angekündigt.

Auffällige Bedrücktheit, Suizidalität

Patienten, die stark bedrückt wirken, viel schweigen, von Ausweglosigkeit oder einer Sinnlosigkeit des Lebens sprechen, sollten auf diese blockierenden Eindrücke angesprochen werden. Bei Verdacht auf Suizidalität muss der Patient gefragt werden, ob er auch schon gedacht habe, seinem Leben ein Ende zu setzen. Wenn sich danach der Verdacht verstärkt, sollte der Berater dem Patienten dringend empfehlen, psychotherapeutische Hilfe zu suchen. Falls dieser die Empfehlung akzeptiert, sollte der Berater ihm bei der Therapeutensuche helfen. Lehnt der Patient die Empfehlung ab, kann oder muss (gesetzliche Bestimmungen beachten!) der Berater – wenn er die Suizidgefahr als hoch einschätzt – ihn darauf hinweisen, dass er verpflichtet ist, seinen Vorgesetzten oder den Hausarzt des Patienten über die vermutete Suizidalität zu informieren.

Ängste

Ängste sind häufige, unangenehme, aber auch nützliche Begleiter des Lebens. Sie schützen uns vor Gefahren, manchmal zu früh oder zu intensiv. Viele Ängste erkennen wir nicht als solche, nämlich wenn sie sich in Hemmungen, Abneigungen oder Vorurteilen ausdrücken. Ängste zu identifizieren, anzuerkennen, gemeinsam verstehen zu lernen, wie sie unseren Alltag beeinflussen, sowie herauszufinden, wie der Patient sich von überflüssigen Ängsten befreien kann, ist Alltag des Beraters. Treten Ängste aber so intensiv und häufig auf, dass der Patient über längere Zeit wesentlich gestört ist (Zwänge, Phobien, Süchte), soll der Berater dem Patienten eine Psychotherapie empfehlen und ihm Namen und Adressen von Psychotherapeuten mitgeben.

Schuldgefühle

Manchmal raten Kliniker dem Patienten, unmotivierte Schuldgefühle zu stoppen oder zu vergessen. Aber Gefühle sind nie unmotiviert und sie können auch nicht auf Befehl verändert werden. Man kann sie nur verstecken. Es ist hilfreich, drei Arten von Schuldgefühlen zu unterscheiden:

- Die **sozial gelernten Schuldgefühle** sind Gefühle, die man als Kind zu empfinden gelernt hat, wenn man etwas getan hat, was den Erwachsenen nicht gefällt. Solche Gefühle können auch in Situationen, in denen wir nichts Falsches oder Schlechtes getan haben, durch die Eltern induziert worden sein. Wenn wir diesen Typ von Schuldgefühlen erkennen, können wir feststellen, dass wir eine solche Reaktion als Erwachsene nicht mehr benötigen, weil wir den Eltern nicht mehr stets gefallen müssen.
- Die **durch Schuld ausgelösten Schuldgefühle** sind eine Reaktion auf die Erfahrung von bösem Handeln, einem bewussten Handeln gegen das eigene Wohl oder gegen das Wohl anderer. Wenn wir diesen Typ von Schuldgefühlen erkennen, können wir uns zur Schuld bekennen, uns entschuldigen und lernen, uns in nächsten ähnlichen Situationen nicht wieder zu verschulden.
- **Existentielle Schuldgefühle** erfahren Menschen, wenn sie einer Katastrophe entkommen sind. Sie fragen sich dann: Warum ich? Wie habe ich es verdient, verschont zu werden? Was schulde ich jetzt den anderen, meinem Leben, Gott? Hilfe für diese Menschen bietet eine Traumatherapie.

Der Berater kann bei sozial gelernten Schuldgefühlen mit seiner Hilfe wesentlich zur Befreiung des Patienten von einer moralischen Schuldenlast beitragen.

Aggressive Reaktionen

Nur wenige Patienten zeigen in Beratungssituationen offen Ärger, Wut oder sogar Feindseligkeit. Wenn dies der Fall ist, reagiert der Berater wie bei anderen emotionalen Themen mit Empathie und Akzeptanz. Wenn aversive Gefühle aber gegen den Berater gerichtet sind, erfordert dies eine leicht andere Reaktionsweise. Zwar geht es auch in diesem Fall zunächst darum, den Ärger des Patienten zu verstehen. Der Verärgerte soll Zeit und Raum erhalten, um seinen Unmut auszudrücken. Danach versucht der Berater nach einer selbstkritischen Reflexion klarzustellen, was er zur Verärgerung beigetragen haben könnte und was nicht. Dabei soll er den Inhalt und die Form seiner Erklärung so gestalten, dass der Patient sein Gesicht wahren kann. Schließlich folgt die Suche nach einer für beide passenden Form der Fortsetzung der Beratung. Sollte einmal ein Wutausbruch eines Patienten drohen, in körperliche Gewalt zu münden, muss der Berater vorbereitet sein, zu fliehen, sich zu schützen und andere zu alarmieren.

Bei sexualisierter verbaler Gewalt ist die Eindeutigkeit, manchmal Härte der Zurückweisung entscheidend; ein einfaches „Nein", womöglich noch mit einem scheuen Lächeln (weil man doch eigentlich nur helfen möchte), genügt nicht. Ein Beispiel aus der Physiotherapie (nach Lippka 2015, 137):

Patient: (liegt bereits mit Trainingshose auf der Behandlungsliege) Hallooooo, bezaubernd sehen Sie heute wieder aus.

Therapeutin: Guten Tag (wirkt angesichts dieser vertraulichen Begrüßung leicht irritiert).

Patient: (dreht sich halb auf der Behandlungsliege herum und grinst) Was machen wir zwei Hübschen denn heute?

Therapeutin: (bleibt ernst und fährt im strengen Ton fort) Ich würde Sie bitten, mich nicht mehr als Hübsche zu bezeichnen. Und natürlich werden wir heute da fortfahren, wo wir bei der letzten Behandlung aufgehört haben. Wie ist es Ihnen denn beim letzten Mal nach der Behandlung ergangen?

Patient: (ignoriert die Frage ...) Na na, warum so zickig? Heute gibt's auch ein Trinkgeld, vorausgesetzt Sie sind ein bisschen lieb zu mir (grinst anzüglich).

Therapeutin: (dreht sich um und öffnet die Tür zum Behandlungsraum) Ich muss Sie darauf hinweisen, dass wir die Belästigung von Mitarbeitern unseres Hauses hier auf Station nicht tolerieren. Diesen Vorfall muss ich dokumentieren. Sollte ich noch einmal den Eindruck haben, dass Sie mich zu vertraulich ansprechen oder mir nochmals Trinkgeld oder dergleichen anbieten, werde ich Frau Dr. T. hinzuziehen! Haben wir uns verstanden?

Patient: Regen Sie sich ab, wohl schon lange keinen Sex mehr gehabt?

Therapeutin: (dreht sich um und geht hinaus, um kurze Zeit später mit Frau Dr. T. im Raum zu erscheinen) Frau Dr. T., könnten Sie bitte nochmals erklären, dass wir hier keine Anzüglichkeiten dulden und auch kein Trinkgeld annehmen dürfen?

Patient: (wirkt beschämt) So hab ich das ja nicht gemeint. Entschuldigen Sie, das ist alles ein Missverständnis ...

Therapeutin: Gut, heute werden wir die Therapie nicht weiterführen. Morgen probieren wir es dann noch einmal ohne „Missverständnisse“. Und ich bitte Sie nochmals, derartige Sprüche zu unterlassen. Ich bin hier, um Sie zu therapieren und nicht um mir unmoralische Angebote machen zu lassen. Sollte das weiterhin ein Problem zwischen uns sein, werde ich zusehen, dass ich Sie nicht mehr behandle oder zumindest nicht mehr allein behandle.

Patient: Schon gut, wie gesagt, es tut mir leid ... alles ein Missverständnis.

Therapeutin: Gut, dann bin ich erleichtert.

Oft zeigen Patienten unterschwellige Aggressionen, zum Beispiel in Form von aggressiven Sachfragen. Solche beinhalten für den Berater eine besondere Gefahr. Er spürt den Ärger des Patienten, weiß nicht, wie er darauf reagieren soll, er versucht das unangenehme Gefühl zu verdrängen, indem er zu einer komplizierten Antwort ausholt, mit der Hoffnung: „Wenn ich jetzt viel und verständnisvoll erkläre, löst sich der Ärger auf." Besser ist in dieser Situation, die Sachfrage kurz zu beantworten und dann zu sagen: „Mir schien, in Ihrer Frage hat ein wenig Ungeduld oder Verärgerung mitgeklungen?" Dieses sorgfältige Vorgehen hat zum Vorteil, dass der Verärgerte nicht so leicht antworten kann: „Nein, nein, ich wollte nur wissen, ob ..."

Kinder und Jugendliche zeigen ihren Ärger oder ihre Abneigung manchmal direkt und offen. Wenn dies dem Berater bewusst ist, läuft er nicht Gefahr, sich gekränkt zu fühlen, wie der folgende Dialog zeigt (Lippka 2015, 133):

Patient: Die Mama sagt immer, dass ich die Therapie machen muss, damit ich wieder gesund werde (wirkt traurig).

Therapeut: Und, willst du denn gesund werden?

Patient: Schon, aber die Therapie will ich nicht mehr.

Therapeut: Aber warum denn nicht? Machen wir nicht immer lustige Sachen?

Patient: Ich will die Therapie nicht mehr machen, weil ... weil ich dich nicht mag! Ich finde dich doof!

Therapeut: (bleibt ganz ruhig) Weißt du, K., ich finde es ganz mutig und toll von dir, dass du dich traust, so ehrlich zu sein.

Patient: (wirkt überrascht) Echt?

Therapeut: Ja. Ob du mich magst oder nicht, ich werde dafür bezahlt, dir zu helfen wieder gesund zu werden. Und dafür muss ich wissen, wie es dir geht. Also danke nochmal für deine Ehrlichkeit, so wollen wir es auch weiterhin halten, ok? Du kannst mir immer alles ehrlich sagen.

Patient: (nickt verwundert).

Therapeut: Gut, aber nun muss ich auch ehrlich zu dir sein. Wir haben noch drei Termine miteinander, ob du mich doof findest oder nicht, du wirst wohl noch etwas mit mir arbeiten müssen. Aber das schaffen wir sicherlich auch noch (lächelt).

Anspruchsvolle Konstellationen

Mitteilung schlechter Nachrichten

Der Berater kommt selten in die Situation, lebensbedrohliche oder die Lebensqualität stark einschränkende schlechte Nachrichten als Erster mitteilen zu müssen. Wenn er aber in ein Behandlungsteam eingebunden ist, wird er oft als zweite oder dritte Fachperson mit schlechten Nachrichten konfrontiert. Flasher & Fogle (2012, 393f; Übersetzung der Autor) zitieren, welche Bedeutung dieser Tätigkeit zukommt:

> „Wenn wir schlechte Nachrichten schlecht vermitteln, werden unsere Patienten und ihre Familien uns nie vergeben; wenn schlechte Nachrichten gut vermittelt werden, werden sie uns nie vergessen."

Die Vorbereitung für die Übermittlung schlechter Nachrichten umfasst die Einplanung von genügend Zeit und das Bereitstellen eines geeigneten Besprechungsraums. Zum **Empfang des Patienten** und/oder seiner Angehörigen sollte der Berater nicht herbeieilen müssen, sondern mit ruhigem Schritt auf sie zugehen und den Patienten mit Handschlag und Blickkontakt als Ersten begrüßen. Am Anfang des Gesprächs steht **die Frage, was der Patient und die Angehörigen über seine Krankheit bereits wissen**. Nicht selten antwortet der Patient, er wisse nicht viel oder gar nichts. Das bedeutet meist, dass er sich durch die belastende Situation nicht mehr an die erhaltene Information erinnern kann. **Danach sollen die schlechten Nachrichten** – vielleicht besser als „schwierige Nachrichten" zu bezeichnen – direkt und sachgerecht in für den Patienten verständlichen Worten **mitgeteilt werden**. Bei einer großen Menge an Informationen müssen mehrere Pausen, die Zeit für Fragen und emotionale Reaktionen ermöglichen, eingebaut werden. Wenn der Berater in dieser Phase bemerkt, dass er eher **zu lange Erklärungen** abgibt, vorschnell den Patienten unterbricht oder tröstet und sich nur noch auf die sachliche Ebene konzentriert, soll er innehalten, denn dies sind Zeichen dafür, dass ihn seine Betroffenheit dazu verleitet, seine Gefühle zu unterdrücken. Nach einer kurzen Pause wird er mit mehr Ruhe und einer erneut spürbaren Betroffenheit das Gespräch fortführen können.

Ein **Informationsblatt** zum Erklären und Mitgeben kann die Sachlichkeit der Information stützen. Im zweiten Teil der Informationsvermittlung geht der Berater auf die Behandlungsmöglichkeiten ein, darauf bedacht, die Erfolgschancen der Behandlung nicht zu übertreiben.

Die **Reaktion der Betroffenen** auf die Mitteilung schlechter Nachrichten kann von Erstarren bis zu emotionalen Ausbrüchen reichen. Manchmal ist ein Berater völlig überrascht, wenn er weiß, dass der Patient zuvor schon umfangreich informiert war, jetzt aber auf eine kleine zusätzliche Information entsetzt reagiert. Vielleicht hat gerade diese Kleinigkeit besonders große Bedeutung für den Patienten oder sie war der Tropfen, der das Fass der Belastungen zum Überlaufen gebracht hat. Wenn der Patient weint, kann es passend sein, dass der Berater seinen Stuhl ein wenig näher rückt, den Augenkontakt beibehält und vielleicht den Patienten leicht und kurz an Hand oder Arm berührt. Das Angebot eines Papiertaschentuchs erlaubt es dem Patienten zu weinen und ermöglicht ihm, auch die Nase oder das verwischte Make-up zu reinigen. Auch das Angebot eines Tees oder Kaffees kann passend sein. Dem Wunsch des Patienten, einen Moment allein zu sein, ist zu entsprechen, wobei der Berater sich nicht zu weit entfernen sollte.

Gegen Ende des Gesprächs erwähnt der Berater nochmals die realistische Chance für eine erfolgreiche Behandlung oder für eine Verbesserung der Lebensqualität und versucht mit dem Patienten den nächsten Behandlungsschritt zu planen. Danach fragt er ihn nach dessen Ressourcen: Wer aus dem privaten Umfeld kann ihn in nächster Zeit unterstützen? Patienten, die allein zum Termin gekommen sind, sollten auch gefragt werden, wohin sie nach dem Gespräch gehen und ob sie noch am gleichen Tag mit jemandem über das Erlebte sprechen können. Patienten, die auf diese Frage ratlos bleiben, kann angeboten werden, zusammen telefonisch nach einem Verwandten, einem Freund oder einem professionellen Helfer zu suchen, der noch am gleichen Tag zu einem Gespräch bereit wäre. Allen Patienten und Angehörigen wird für Rückfragen die Telefonnummer des Beraters mitgegeben.

Patienten aus anderen Kulturräumen

Die Arbeit mit Patienten aus anderen Kulturräumen ist anspruchsvoll, kann aber auch sehr bereichernd sein. Die Vielfalt der Gebräuche und Selbstverständlichkeiten in den verschiedenen Kulturen erschwert es zwar, hilfreiche Hinweise für Berater zu formulieren. Flasher und Fogle (2012) raten trotzdem:

- Reserviere mehr Zeit

Erkundige dich nach

- dem genauen Namen der kulturellen oder ethnischen Gruppe, den sie selbst verwendet
- dem angemessenen Grußritual
- den geschlechtsspezifischen und altersspezifischen Rollen
- der Bedeutung von Berührung während eines Gesprächs
- passenden Gesprächsthemen

und

- Akzeptiere das Vermeiden von Blickkontakt
- Erlaube Familienmitgliedern oder Freunden anwesend zu sein
- Sprich langsamer, artikuliere besser, sprich einfacher, wiederhole Schlüsselinfos und erhebe die Stimme nicht

Kritik von Patienten

Auf Kritik von Patienten sollte der Berater zunächst mit aufmerksamem Zuhören und vorsichtigem Paraphrasieren und Verbalisieren antworten. Danach sollte er anerkennenswerte Aspekte der Kritik benennen und akzeptieren. Bezüglich der ihm nicht zutreffend erscheinenden Kritik soll er seine eigenen Ansichten transparent vermitteln. Schwierig ist es, wenn die Kritik nur unterschwellig geäußert wird, häufig in Form allgemeiner Entwertung aller Hilfsangebote: Der Patient, der wiederholt beklagt, wie wenig alles nützt, führt leicht zur Verzweiflung der Helfer. Da dieser Patient vermutlich alle neuen Vorschläge zurückweisen wird, solange die Helfer autoritäre Rollen einnehmen, hat der Berater nur eine Chance, diesen Mechanismus zu unterbrechen, wenn er mit dem Patienten als gleichberechtigtem Partner (ohne Bezug auf sein Expertenwissen) nach neuen Wegen sucht.

Therapieende – Abschiedsmuster

Das Therapieende bedeutet Abschiednehmen und damit ein Verlust (in seltenen Fällen eine Befreiung) für die Partner. Beide können versucht sein, den Verlust hinauszuzögern. Der Therapeut tendiert zu einem solchen Hinhalten mit einer Erklärung weiterer Therapiebedürftigkeit, wenn er aus Perfektionismus sein Werk vollenden möchte, die Enttäuschung seines Patienten über das Therapieende schlecht ertragen kann oder einfach gern mit einem sympathischen Patienten weiter zusammenarbeitet. Der Patient, der sich darüber sorgt, ob er ohne therapeutische Unterstützung zurechtkommen werde oder den Verlust des ihm wohltuenden zwischenmenschlichen Kontakts nicht hinnehmen möchte, kann durch Regression das Therapieende hinauszögern (es geht ihm wieder schlechter) oder über andere Abwehrmechanismen versuchen, sich vor dem Schmerz der Trennung zu schützen. Zum Beispiel entwertet er in Gedanken die Therapie oder kommt nicht mehr regelmäßig zu den Sitzungen.

Der Berater sollte sich und den Patienten für das Therapieende vorbereiten. Dazu gehört,

- sich regelmäßig Rechenschaft darüber zu geben, ob die Therapiebedürftigkeit weiterhin besteht
- bei Therapieerfolg das Therapieende zu thematisieren und zu fragen, wie der Patient den Erfolg einschätzt und ob er noch bestimmte Ziele in der Therapie erreichen möchte
- bei Einigung auf einen Therapieabschluss diesen zu planen und einen Zeitpunkt zu vereinbaren
- den Abschied zum abgemachten Zeitpunkt zu vollziehen, vielleicht verbunden mit einem kleinen Abschiedsritual.

Widerstände und Grenzen

Wie in der Psychotherapie ist auch in der psychosozialen Beratung das Auftreten von Widerständen alltäglich, denn in beiden sind Patienten auf oft gefährlich scheinenden Entdeckungsreisen unterwegs. Beushausen (2016, 216) nennt folgende Formen:

> „Intellektualisieren, immer etwas Dramatisches zu berichten haben, den Faden verlieren, Themenwechsel, Weghören, Wegschauen, Müdigkeit, Gereiztheit, in symbolischen Bildern sprechen, passive Anpassung (z. B. wenn Klienten nur oberflächlich kooperieren), zu spät kommen, Termine nicht einhalten, aktive Rebellion (z. B. sich nicht an die vereinbarten Bedingungen halten, vorzeitig das Gespräch beenden, sich albern zeigen), vergessen, das Problem bei anderen sehen, Geheimhaltung betonen, vermeiden Gefühle zu zeigen u. a."

All diese Widerstandsformen sind wertvolle Schutzmaßnahmen, die dem Patienten dazu dienen, sich nicht auf Veränderungen einlassen zu müssen. Abwehr hat zwar unerwünschte Nebenwirkungen, aber jede Abwehrform ist zum Zeitpunkt ihrer Anwendung die im Moment beste Absicherung, die dem Patienten zur Verfügung steht. Wenn der Berater um deren Existenz weiß, kann er sie vielleicht in Momenten, in denen er das Verhalten seines Patienten nicht versteht, erkennen und gelangt so zu einem erweiterten Verständnis seines Gegenübers.

> Widerstände sind nicht zu bekämpfen. Sie sollen wohlwollend akzeptiert werden. Sie können sich verändern, aber nicht auf Druck. Ein kreativer Umgang mit Widerstand ist „eher ein Tanz als ein Kampf" (Beushausen 2016, 217).

Oft schwer zu entdecken sind Widerstände, die durch Übertragung (genauer: gegen die Auflösung von Übertragung) entstehen.

Übertragung und Gegenübertragung

Übertragung und Gegenübertragung handeln von der emotionalen Bürde, die Patient und Therapeut in ihr Verhältnis mitbringen. Sie entstehen, weil wir andere Menschen durch die Brille unserer Erfahrungen sehen. Die damit verbundenen unbewussten Kräfte (Wünsche, Wahrnehmungen und Ängste) haben bedeutenden Einfluss auf die therapeutische Atmosphäre. Deshalb ist die Aufmerksamkeit für diese Phänomene ein wichtiges Werkzeug für das Verstehen und das Ansprechen bestimmter Aspekte der therapeutischen Beziehung.

Übertragung, die unbewusste Umleitung der Gefühle für oder gegen eine Person der Vergangenheit auf den Therapeuten, erklärt oft einen störrischen Stil oder eine übertriebene Anpassung in der Zusammenarbeit mit dem Therapeuten. In der Übertragung nimmt der Patient eine gewisse Menge an Informationen über den Therapeuten auf, füllt dann aber die Leerstellen seines Bildes mit früheren Erfahrungen. Die Wahrnehmung des Therapeuten wird also gefärbt oder überschattet durch vergangene Erfahrungen. Zum Beispiel meint der Patient im Therapeuten seinen kritischen Vater oder einen Lehrer zu erkennen und erwartet von ihm eine ähnlich autoritäre Haltung. Dies stellt den Therapeuten vor die Aufgabe, möglichst kein Verhalten zu zeigen, das als autoritär interpretiert werden könnte. Wenn er dem Patienten einfach sagen würde: „Ich bin nicht Ihr kritischer Vater", hätte dies keinen oder einen den Patienten in seiner Sicht bestätigenden Effekt. Erfolgsversprechender wäre die Aussage: „Ich frage mich, was ich getan oder gesagt haben könnte, das so kritisch geklungen hat." (Flasher & Fogle 2012, 89; Übersetzung der Autor) Besonders problematisch sind romantische Übertragungen, die ausagiert werden. Wenn zum Beispiel der Patient den Therapeuten mit Komplimenten überhäuft, ihn einzuladen versucht oder behauptet: „Sie sind meine Rettung!", muss sich der Therapeut abgrenzen, indem er Einladungen mit Hinweis auf seine professionelle Haltung freundlich zurückweist und zunächst vermeidet, auf die Projektionen zu reagieren, und erst später die Übertragung thematisiert. Beides ist schwierig, besonders bei Patienten, die eine geringe Selbstwertschätzung haben.

Die **Gegenübertragung** besteht aus unbewussten Projektionen von nicht verarbeiteten konflikthaften Gefühlen des Therapeuten auf den Patienten. Sie bergen die Gefahr, dass der Therapeut seinen Patienten missbraucht, um eigene emotionale Bedürfnisse zu befriedigen. So bemüht sich ein Therapeut zum Beispiel zu sehr um ein Kind, das ihn an ein jüngeres Geschwister erinnert, oder er überhört die Klage einer überforderten Mutter, weil diese ihn an seine stets unzufriedene Mutter erinnert. Besonders problematisch wird es, wenn der Therapeut aus Angst vor seinen eigenen Gefühlen „kalt" analysiert oder moralisiert, aus einer Verdrängung von Wut sentimental wird oder wegen unbefriedigter

Anerkennungswünsche ärgerlich reagiert (Beushausen 2016, 223). Das effizienteste Mittel, um solche Gefahren zu entschärfen, ist regelmäßige Supervision.

Beratungsfehler

Gravierende Beratungsfehler entstehen, wenn der Berater

- zwischen den Problemen des Klienten und seinen eigenen Problemen nicht genügend unterscheidet,
- Grenzen im therapeutischen Setting verletzt, dem Patienten zu nahe kommt,
- dem Patienten seine Ansichten aufdrängt.

Gewöhnliche Beratungsfehler (sie unterlaufen jedem Berater ab und zu) betreffen das, was der Berater sagt, wie er es sagt und was er tut. Patienten und Familienmitglieder bemerken solche Fehler leichter als der Berater. Sie registrieren es, wann er etwas auf eine unsensible Art gesagt hat, und sie lesen seine Körpersprache besser, als er es kann. Der Berater bemerkt vielleicht an einer unerwarteten Reaktion oder Nicht-Reaktion seines Gesprächspartners, dass etwas nicht stimmt. Dann kann er sich fragen:

- War ich in dem, was ich gesagt habe, nicht klar, nicht sorgfältig?
- War ich zu wenig einfühlsam, empathisch?
- War ich zu wenig authentisch?
- Habe ich zu viel oder zu wenig gesprochen?
- Klang meine Aussage zu kritisch, vielleicht entwertend?
- Habe ich unüberlegt gesprochen oder war ich zu konfrontierend?

Wenn der Berater solche Fehler bemerkt, kann er sich entschuldigen und sich korrigieren.

> Ein Mann ging zu einem Berg und sagte:
> „Was für ein Narr du doch bist, oh Berg: Du kennst weder deine Größe, noch deine Höhe, noch dein Gesicht!"
> Der Berg überlegte ein Weilchen und sagte dann:
> „Es stimmt, dass ich dies nicht weiß;
> aber ich bin der Berg."
> (Indische Fabel)

Die Elternberatung

Zum Elternsein

Einige Kategorisierungen können das professionelle Verständnis für Eltern-Kind-Verhältnisse fördern. Wie für Kategorisierungen typisch, sind aber alle in ihnen enthaltenen Unterscheidungen idealtypisch, das heißt, nur wenige Eltern-Kind-Verhältnisse entsprechen genau einer der beschriebenen Kategorien, die anderen Verhältnisse sind Mischformen.

Stile des Elternseins

Besonders bedeutsame Wirkfaktoren des Elternverhaltens sind die Unterstützung des Kindes und die ausgeübte Kontrolle über das Kind (Tabelle 7).

Elternstil	Unterstützung und Kontrolle
autoritär	viel Kontrolle, wenig Unterstützung
autoritativ	viel Kontrolle, viel Unterstützung
permissiv	wenig Kontrolle, viel Unterstützung
vernachlässigend	wenig Kontrolle, wenig Unterstützung

Tab. 7: Unterstützung und Kontrolle im Elternverhalten

Bindungserfahrungen

Für die Mehrgenerationen-Perspektive, das heißt die Sicht auf die psychosoziale Entwicklung der Kinder über mehrere Generationen, haben John Bowlbys Bindungstheorie (zur Übertragung früher Mutter-Kind-Bindungsmuster auf folgende Generationen), die Beobachtungsmethode „Fremde Situation“ durch Mary Ainsworth (ein Kleinkind spielt mit der Mutter, eine fremde Person tritt auf, die Mutter verlässt den Raum, kommt später wieder zurück) und das „Adult Attachment Interview“ von Mary Main (die Befragung von Eltern nach Bindungserfahrungen in ihrer Kindheit) viele klinisch relevante Erkenntnisse hervorgebracht. Es zeigte sich, dass zum Beispiel die meisten Kinder der etwa 55 Prozent aller Eltern, die frei-autonom aufgewachsen sind, eine sichere Bindung entwickeln können, hingegen viele Kinder der Eltern, die selbst distanziert-beziehungsabwertende Eltern erlebt haben, desorganisiert gebunden sind (Tabelle 8).

Bindungserfahrung der Eltern in ihrer Kindheit	Korrelierender Bindungstyp ihrer Kinder
Frei-autonome Eltern sind sich sowohl der negativen wie der positiven Affekte gegenüber ihren eigenen Eltern in realistischer Weise bewusst.	**Sicher gebundene Kinder** suchen bei Belastung den Kontakt mit der Mutter. Sie nehmen es gelassen, wenn die Mutter den Raum verlässt, suchen aber bei ihrer Wiederkehr sogleich ihre Nähe.
Distanziert-beziehungsabwertende Eltern haben vieles aus ihrer Kindheitserinnerung verdrängt. Die damals fehlende Hilfe haben sie nicht vermisst, so dass sie sich auch nicht als verletzt oder wütend erleben.	**Vermeidend gebundene Kinder** zeigen kaum Kummer, wenn die Mutter weggeht, und zeigen weiterhin Erkundungsverhalten. Sie ignorieren aber die Mutter bei ihrer Rückkehr und suchen nicht ihre Nähe.
Beziehungsüberbewertende Eltern sind von Kindheitserinnerungen überflutet. Noch immer kämpfen sie darum, von ihren Eltern endlich Gerechtigkeit zu erfahren.	**Ambivalent gebundene Kinder** verhalten sich ängstlich und abhängig von der Mutter und verspüren Angst allein mit Fremden. Wenn die Mutter zurückkehrt, verhalten sie sich unberechenbar.
Eltern mit einem ungelösten Kindheitstrauma (Verlust einer Bindungsperson, frühe Misshandlungen, sexueller Missbrauch). Ihr Erleben und Handeln ist von einem unabgeschlossenen Trauerprozess geprägt.	**Desorganisiert gebundene Kinder** suchen die Nähe zur Mutter, brechen ihre Annäherung aber kurz vor dem Körperkontakt ab. Wenn die Mutter weg war und zurückkommt, verhalten sie sich widersprüchlich.

Tab. 8: Die Weitergabe von Bindungserfahrungen über Generationen

Belastende Kindheitsrollen

Eltern, die als Erwachsene noch stark an exzessiven oder subtilen schweren Kindheitserlebnissen leiden, oft ohne dass ihnen die Ursache ihres Leidens bewusst ist, tendieren dazu, für ihre Konfliktentlastung einem eigenen Kind die Rolle eines Ersatzes für einen anderen Partner oder für einen Aspekt ihres eigenen Selbst zuzuweisen. Dabei bedeutet „Ersatz“ meist nicht das Ersetzen eines physisch abwesenden, sondern eines psychisch unbefriedigenden Partners. Horst Eberhard Richter (2000) nennt folgende Übertragungen und narzisstischen Projektionen (Tabelle 9).

Das Kind als Ersatz für einen anderen Partner (Übertragung)	
für eine Elternfigur	Das Kind wird so behandelt, als habe es die guten oder schlechten Eigenschaften eines geliebten oder gehassten Elternteils.
für den Lebenspartner	Das Kind wird so behandelt, als habe es die guten oder schlechten Eigenschaften des Partners oder der Partnerin.
für ein Geschwister	Das Kind wird so behandelt, als habe es die guten oder schlechten Eigenschaften eines Geschwisters.
Das Kind als Ersatz für einen Aspekt des elterlichen Selbst, sozusagen als Fortsetzung von sich (narzisstische Projektion)	
als eigenes Abbild	Das Kind soll genau so werden, wie man selbst ist. Abweichungen sind bedrohlich.
als ideales Selbst	Das Kind soll so werden, wie man selbst gern wäre. Abweichungen sind kränkend.
als negative Identität	Das Kind soll sein, was man nie sein durfte. Als Sündenbock provoziert es Ärger.

Tab. 9: Belastende Kindheitsrollen (modifiziert nach Richter 2000)

Die Übertragungen und Projektionen bewirken, dass sich die Kinder meist in die damit mehr oder weniger subtil dirigierte Richtung (oder – bei stärkeren Kindern – in ihr Gegenteil) zu verhalten beginnen, als ob sie hypnotisiert wären, wie Ronald D. Laing (1974, 111) eindrucksvoll beschreibt:

> „Man kann jemandem sagen, er solle etwas Bestimmtes empfinden und sich nachher nicht daran erinnern, dass ihm das erst gesagt worden ist. Man sagt ihm einfach, er empfinde das. Oder noch besser, man sagt einem Dritten in seiner Gegenwart, dass er das empfinde. ... Ein Verhältnis zwischen zwei Menschen kann so eindringlich sein, dass du durch einen Blick, eine Berührung, ein Räuspern von mir zu dem wirst, für den ich dich halte. Ich brauche überhaupt nichts zu sagen. ... Eine solche Zuschreibung ist gleichbedeutend mit einer Instruktion, die ‚stillschweigend' zu befolgen ist."

Das Elterngespräch

An vielen Elterngesprächen nimmt nur ein Elternteil teil, meist die Mutter. Als Grund werden von Eltern wie Beratern oft terminliche Schwierigkeiten des Partners angeführt, in Wirklichkeit sind es wahrscheinlich häufiger zwei andere Gründe: Einem Elternteil, der befürchtet, dass, wenn er zusammen mit seinem Partner oder seiner Partnerin zum Gespräch kommen würde, Spannungen zwischen den Eltern spürbar und möglicherweise auch thematisiert werden könnten, fällt es leichter allein teilzunehmen. Und ein Berater, der sich im Gespräch mit zwei Personen über eine dritte Person überfordert fühlen könnte, akzeptiert allzu schnell die Begründung „Terminproblem".

Dabei sind die Vorzüge des Elterngesprächs mit beiden Eltern offensichtlich:

- Die Paarbeziehung zwischen den Eltern wird für den Berater direkt spürbar, auch ohne, dass sie thematisiert werden muss.
- Der Berater vermittelt den Eltern mit der Einladung als Paar die Botschaft, dass er beide in Erziehungsfragen für gleichermaßen kompetent und verantwortlich hält.
- Die Eltern können in der Beratung Unterschiede in Bedürfnissen und Meinungen austauschen, im geschützten Rahmen vielleicht selbst (erstmals seit Langem?) miteinander streiten.
- Der zum Berater gleichgeschlechtliche Elternteil erfährt ein anderes als das eingeschliffene eigene Modell in der Auseinandersetzung mit dem Kind und seinem Partner oder seiner Partnerin.

Wenn der Vorschlag eines Elterngesprächs mit beiden Eltern vom Berater als Selbstverständlichkeit formuliert wird, ist es selten, dass ein Termin, der allen passt, nicht gefunden werden kann.

Vor einem Elterngespräch

Unabhängig davon, ob ein Gespräch mit nur einem oder beiden Elternteilen geführt wird, sind zunächst die gleichen Vorbereitungen zu treffen wie vor einem Patientengespräch. Zusätzlich sollte beachtet werden:

- Wie ist der letzte Elternkontakt – wenn es einen solchen schon gegeben hat – abgelaufen? Wie hatte ich mich dabei gefühlt?
- In welcher Phase befindet sich die Kindertherapie?
- Will ich ein oder zwei bestimmte Themen mit den Eltern besprechen? Plane ich das gleich zu Beginn zu tun oder nach einer ersten Frage danach, wie es den Eltern geht?
- Welches sind die zwei oder drei Themen, die ich gern aufgreifen möchte, wenn die Eltern sie erwähnen?

Zudem muss die Sitzordnung neu überlegt sein, wenn beide Eltern anwesend sein werden.

Gute Fragen an die Eltern

Im Erstgespräch mit den Eltern oder auch später sind Fragen der folgenden Art oft hilfreich:

- Was sind die Stärken des Kindes? Was sind seine Schwächen?
- Wofür interessiert sich das Kind ganz besonders?
- Was sind die Stärken und Schwächen des Vaters/der Mutter?
- Wie ist die Beziehung des Kindes zu den Geschwistern/zu Kameraden?
- Wie ist der Kontakt zu den Großeltern (beiderseits)?
- Absichtslose Zeit mit dem Kind: „Wie oft sind Sie mit dem Kind so zusammen, dass Sie sich ganz von ihm leiten lassen, also ohne, dass Sie etwas von ihm wollen?“
- Wenn Eltern von einem Problem ihres Kindes berichten: „Wie haben Sie das selbst in Ihrer Kindheit erlebt?“
- Wenn Eltern von ihren Reaktionen auf ihr Kind berichten: „War Ihre Mutter oder Ihr Vater auch so ungeduldig (aufbrausend, schweigsam, stark, nachsichtig)?“

- Wenn Eltern von ihrer Kindheit berichten: „Als Jüngste (Älteste, Sandwich-Kind, Einzelkind) hatten Sie es ja auch nicht immer leicht!?"
- Spricht ein Elternteil vom Thema „Ursachen der Störung", soll bei Anwesenheit beider Eltern stets auch der andere Elternteil nach seinen Gedanken zur Ursache gefragt werden.

Die Einladung an beide Eltern, je ein Soziogramm ihrer Familie zu zeichnen, kann für das Gespräch sehr unterstützend sein.

Das Gespräch mit beiden Eltern

Verteilung der Gesprächszeiten

Die Anteile der Gesprächszeiten müssen nicht gleich verteilt sein, die Aufmerksamkeit hingegen schon. Das heißt: Wenn sich das Gespräch zwanzig Minuten lang vorwiegend um einen Elternteil drehte, müssen dem anderen Elternteil anschließend unbedingt fünf Minuten gewidmet werden.

Der Augenwinkelblick

Während des Gesprächs mit einem Elternteil soll der Berater dem anderen Elternteil ab und zu aus den Augenwinkeln einen Blick zuwerfen und auf äußere Anzeichen (Körperhaltung, Unruhe, Passivität, Versteinerung, feuchte Augen) und innere Anzeichen (was geht wohl jetzt in ihm/ihr vor?) achten.

Sprecherwechsel einleiten

Oft machen Eltern die Sprecherwechsel selbst. Das ist gut so. Wenn sie sich aber zu oft ins Wort fallen (oder ein Elternteil dem anderen), sollen sie darauf aufmerksam gemacht und aufgefordert werden, einander ausreden zu lassen.

Sprecherwechsel sollen auch eingeleitet werden,

- wenn der Therapeut eine Frage an beide Eltern gerichtet hat und nur ein Elternteil geantwortet hat.
- wenn ein Elternteil etwas stark Wertendes über den Partner sagt; hier sollte man den anderen fragen: „Wie verstehen Sie das?"
- wenn eine Ansicht eines Elternteils auffällig (hart, weich, provokativ, gleichgültig) klingt, ist es passend, den Partner zu fragen „Was denken Sie dazu?"

- wenn ein Partner etwas zu sagen hätte, scheinbar sagen möchte, es aber nicht tut.
- wenn der Therapeut selbst etwas Neues thematisieren will.

Gesprächsphasen, in denen die Eltern miteinander sprechen, sind zu begrüßen. Hat der Therapeut eine Weile zugehört, ist es angebracht, wenn er das Gehörte kommentiert, zum Beispiel mit einer inhaltlichen Zusammenfassung und einer positiven Wertung des elterlichen Dialogs. Wenn ihm aber auffällt, dass die beiden kaum zueinander sprechen, sondern eher jeder für sich spricht, kann er auch mal sagen: „Mir fällt auf, dass Sie einander nicht anschauen, wenn Sie miteinander sprechen."

Wenn die Eltern streiten

Streit zwischen den Eltern sollte eine kurze Weile zugelassen, dann, wenn nötig, unterbrochen werden, indem die beiden Positionen mit eigenen Worten zusammengefasst werden. Es ist wichtig, sich bei dieser Beschreibung nicht unterbrechen zu lassen und erst danach zu fragen: „Habe ich das korrekt beschrieben?" Wenn nach einer eventuellen Korrektur die Beschreibung der beiden Positionen für alle drei stimmt, kann gefragt werden: „Welche Möglichkeiten sehen Sie jetzt für den Umgang mit den Unterschieden Ihrer Haltungen?" Im anschließenden Gespräch kann auf die zwei grundsätzlichen Möglichkeiten hingewiesen werden: die unterschiedlichen Meinungen oder Bedürfnisse einander ein wenig anzupassen oder sie im Zusammenleben besser zu respektieren.

Wenn ein Streit zwischen den Eltern eskaliert

Er ist dann eindeutig zu unterbrechen und eine minimale Gesprächsregel sollte aufgestellt werden. Beispielsweise mit den Worten: „Ich will nicht, dass hier ein Partner den anderen beschimpft" und „Wenn einer von uns Dreien spricht, müssen die anderen einen Moment schweigen und zuhören. Ich bestehe darauf!" Sollte ein besonders streitlustiger Elternteil einwenden: „Sie können uns doch nichts befehlen!", lässt sich klar antworten: „Nein, aber ich kann die minimalen Rahmenbedingungen festlegen, die eingehalten werden müssen, wenn ein Gespräch hier mit mir in diesem Raum Sinn haben soll."

Der Therapeut schützt einen Elternteil

Wenn ein Elternteil vom anderen zu stark oder immer wieder kritisiert wird und sich der Kritisierte schlecht wehrt, mag es richtig sein, wenn der Therapeut ihn in Schutz nimmt. Dabei darf er aber nicht vergessen, dass der angriffslustige

Partner selbst auch aus einer Not spricht. Deshalb sollte nach dem Schutz des Opfers der Angreifer zum Beispiel gefragt werden: „Wo sind Sie jetzt in Gedanken?“, und dann Verständnis für seine Position gezeigt werden. Die Fragen: „Was fühlen Sie jetzt?“ oder „Wie geht es Ihnen jetzt?“ sind in diesem Moment weniger passend, weil sie als Aufforderung verstanden werden können, sich als schuldig zu bekennen, was eine Abwehrhaltung auslöst.

Ein Geheimnis wird mitgeteilt

Es kann vorkommen, dass eine Mutter oder ein Vater nach einem oder zwei Elterngesprächen anruft und der Therapeutin ein Geheimnis mitteilt, zum Beispiel, dass sie einen Freund habe, ihr Mann aber nichts davon wisse, oder dass er schon vor einiger Zeit seine Arbeitsstelle verloren habe, es seiner Frau aber noch nicht gesagt habe. Zunächst sollte der Therapeut Verständnis für das Problem und dessen Geheimhaltung zeigen. Danach muss er aber versuchen, sein Gegenüber zu ermutigen, jetzt doch das Gespräch mit dem Partner, der Partnerin zu suchen.

Wenn der Therapeut direkt gefragt wird: „Versprechen Sie, dass Sie meiner Frau, meinem Mann nichts davon sagen!?“, dann sind drei Verhaltensweisen möglich. Entweder gibt er dieses Versprechen ab und riskiert damit, in eine Situation zu geraten, in der der unwissende Partner doch bemerkt, dass er in das Geheimnis eingeweiht war. Dann verliert er gegenüber diesem seinen Anspruch auf Authentizität und die weitere Zusammenarbeit ist gefährdet. Oder er sagt der Geheimnisträgerin nur zu, dass er im Gespräch mit den Eltern das Geheime nicht selbst thematisieren wird, wenn es aber durch die Eltern zum Thema werden sollte und der Unwissende fragen würde: „Ja, wissen Sie denn etwas darüber?“, er dies nicht verleugnen würde. Damit riskiert er aber, die Geheimnisträgerin bloßzustellen. Die dritte Möglichkeit besteht darin, sich das Geheimnis nur unter der Bedingung anzuhören, dass der Therapeut dieses dem angeblich unwissenden Partner in verträglichen Worten übermitteln darf.

Gesprächssequenzen dieser Art – sie sind zum Glück selten – können nicht nach starren Regeln gehandhabt werden und gleichen stets einer Gratwanderung, was aber nur logisch ist: Die Tatsache, dass ein Partner dem Therapeuten ein Geheimnis mitteilen möchte, ist gleichzeitig Ausdruck einer Angst vor der Konfrontation mit dem belastenden Thema und Zeichen eines Wunsches, dieses in den Dialog mit dem Lebenspartner einfließen zu lassen.

Ein spezielles therapeutisches Schuldgefühl

Die besonders engagierte Therapeutin kann leicht über eine projektive Identifizierung in ein Schuldgefühl gegenüber der Mutter geraten, weil sie insgeheim denkt, sie wäre die bessere Mutter für das Kind:

> „Die Therapeutin meint zu wissen, wie sich das Kind fühlt. Es sind jedoch die Gefühle, die sie selbst an Stelle des Kindes hätte, die sie wahrnimmt. Folge dieser projektiven Identifikation mit dem Kind ist ein Verlust der Wahrnehmungssensibilität dem Kind gegenüber. Vor allem verbündet sich die Therapeutin mit dem Kind gegen die Eltern, die nun aus der Sicht der Therapeutin die „Schuldigen" sind. Versteckte Vorwürfe der Therapeutin, Schwierigkeiten die richtigen Worte zu finden bei Erziehungshinweisen und Verhaltenskorrekturen für die Eltern können Folgen dieser (unbewussten) Schuldzuweisung an die Eltern sein." (Büttner & Quindel 2013, 162)

Versteckte Schuldzuweisungen an die Eltern – sie werden vom Therapeuten meist nur „ahnungsbewusst" als unerklärtes Unbehagen bemerkt – können am besten oder vielleicht nur in der Supervision erkannt werden.

Paar- und familiendynamische Konflikte

Alle Paare und Familien erleben ab und zu konflikthafte Phasen. Diese dürfen in der Beratung zur Sprache kommen: Paarprobleme wegen der Einmischung von Großeltern, der Verteilung von Hausarbeit und Kindererziehung, unterschiedlichen Bedürfnissen von Nähe und Zärtlichkeit, divergierenden finanziellen Ansprüchen oder unterschiedlichen Auffassungen von gesunder Ernährung, richtiger Kindererziehung, Strenge und Nachgiebigkeit. Oft führt das Gespräch über die eine oder andere familiäre Belastung zu einem der beiden in der Beratung besonders relevanten Themen: „Welche Auswirkungen hat die Belastung auf das Kind und die Eltern?" und „Wie wirkt sich die Belastung auf die Therapie aus; wie kann sie in der Therapie berücksichtigt werden?"

Zeigt sich, dass das Leben der Familie bereits über längere Zeit von einem bestimmten Paarproblem dominiert wird (zum Beispiel Streit um Finanzielles, starke Einmischung von Großeltern oder Krankheit eines Elternteils), ist es die Aufgabe des Beraters, die Eltern auf die Zweckmäßigkeit bis Notwendigkeit hinzuweisen, spezifische Hilfe (Psycho- oder Paartherapie, Haushaltplanung, Sozialhilfe) zu suchen und sie mit hilfreichen Informationen und Adressen zu versehen.

Das Stützen der Eltern

Eltern wissen viel über sich, ihre Familien und Herkunftsfamilien, aber sie sind nicht Experten für ihr Lebensfeld, weil ihnen wegen ihrer tiefen Einbettung in das Familiensystem die dazu notwendige Distanz fehlt. Während der Therapie ihres Kindes, die auch für sie eine Herausforderung ist, weil sie Veränderungen im Familiengefüge mit sich bringen kann, sind sie auf optimale Begleitung angewiesen:

> „Eltern brauchen eine Stütze während der Therapie, um eine positive Veränderung beim Kind ertragen und zulassen zu können." (Heinrich 1981, 33)

Ein naheliegender Weg, die Eltern zu stützen, ist das Loben elterlicher Verhaltensweisen, die dem Wohl der Kinder offensichtlich oder vermutlich dienen. Solches Lob sollte aber gezielt und nicht automatisch oder inflationär erfolgen. Ein Therapeut, der fast alles gut findet, was die Eltern tun oder erzählen, verliert schnell an Glaubwürdigkeit.
Ein anderer Weg, die Eltern zu unterstützen, besteht darin, sie auf ihre eigenen Bedürfnisse, Wünsche und Sorgen anzusprechen, zum Beispiel mit folgenden Fragen:

- Wie geht es denn Ihnen in dieser schwierigen Situation?
- Das ist aber auch für Sie nicht einfach! Wie bewältigen Sie das?
- Wie entspannen Sie sich? Haben Sie Zeit für sich allein?
- Erlauben Sie sich auch mal eine Auseinandersetzung mit Ihrem Partner, Ihrer Partnerin, Ihrer Mutter, Ihrem Vater?

Solche Fragen können zu Gesprächen führen, in denen das Kind einen Moment vergessen wird, und es kann außerordentlich wertvoll sein, wenn ein solcher Moment auch mal eine Viertelstunde dauert.

Menschen, die rücksichtslos nach ihrem individuellen Glück streben, sind vermutlich keine guten Eltern. Menschen, die ihre persönlichen Wünsche dem angeblichen Wohl ihrer Kinder ganz unterordnen, sind jedoch nicht besser, denn chronisch unglückliche Eltern verströmen eine Atmosphäre, die den Kindern die Lebenslust raubt. Mütter und Väter, die sich auch für ihr persönliches Glück einsetzen und sich ab und zu glücklich fühlen, sind ein Geschenk für die Kinder.

Psychohygiene der Beratenden

Therapeutische, insbesondere beratende Tätigkeiten sind anspruchsvoll, manchmal außerordentlich befriedigend, oft aber auch belastend. Die Begegnung mit leidenden Menschen, mit traurigen Schicksalen, aber auch mit den Grenzen der eigenen Hilfsmöglichkeiten erfordert gleichzeitig Flexibilität, um sich an die individuellen Bedürfnisse der Patienten anzupassen, und Standhaftigkeit, um sich selbst treu zu bleiben und sich nicht zu überfordern. Dabei sind es nicht nur „schwierige" Patienten, ungenügende Behandlungsfortschritte oder zu hohe eigene Erwartungen, die die Arbeitsbelastung gesundheitsschädigend werden lassen. Strukturelle und institutionelle Vorgaben erschweren die Arbeit therapeutischer Berater zusätzlich. Logopäden, Physiotherapeuten und Ergotherapeuten sind an ärztliche Verordnungen gebunden, die der Entscheidungsfindung enge Grenzen setzen (Borgetto & Siegel 2008). In diesem Spannungsfeld sind interprofessionelle Konflikte unvermeidbar. Renate Tewes (2014, 104) schreibt:

> „Während der ärztliche Auftrag gesellschaftspolitisch klar umrissen und in der Berufsordnung verankert ist, kämpfen Therapeuten mit ihrem Doppelmandat, also dem Spagat zwischen ärztlicher Assistenz und eigenständiger Therapie."

Weiter erschwert die Unsichtbarkeit therapeutisch beratender Tätigkeit anderen und sich selbst, deren Gelingen aufzuzeigen, was viel Raum für Zweifel und Selbstzweifel entstehen lässt. Da Helferberufe auch eine „ideale Nische für Menschen mit einer Selbstwertproblematik" sind (Büttner & Quindel 2013, 193), entstehen auch häufig intraprofessionelle Konflikte, die schwer nachvollziehbare Kränkungen und offene oder versteckte Anfeindungen unter Kollegen zur Folge haben. Tatsächlich ist **Mobbing** am Arbeitsplatz ein im Gesundheitswesen wachsendes Problem: In der EU haben 52 % der Mitarbeiter im Gesundheitswesen bereits Aggression am Arbeitsplatz erlebt (in der Sozialarbeit „nur" 39 %) (Ariza-Montes u. a. 2013). Mobbing kommt im Gesundheitswesen mehrfach häufiger vor als in anderen Berufsbereichen (Tewes 2014). Der zunehmende ökonomische Druck nach kostensparenden Therapien verstärkt die Belastung zusätzlich. So erstaunt es nicht, dass Mitarbeiter im Gesundheitswesen oft an einem **Burnout** erkranken. Zwei österreichische Studien zeigen die zunehmende Gefahr: Während 2009 nach einer Befragung von 3100 Mitarbeitern des Gesundheitswesens 25 % als Burn-out gefährdet eingeschätzt wurden (Danzon 2009), zeigten 2014 von 5500 erfassten Mitarbeitern bereits 39 % Burnout-Symptome (APA 2014).

Wie können Therapierende für ihr eigenes Wohl sorgen?

Das Sichkümmern um das eigene Wohl ist eine Grundbedingung für die therapeutische Arbeit, denn nur ein sich selbst respektierender und oft zufriedener Therapeut kann seinen Patienten mit ausreichend Respekt begegnen. Die Wege dazu sind vielfältig (Tabelle 10):

AM ARBEITSPLATZ
Regelmäßige Arbeitspausen einplanen. Sie sind nicht nur meist angenehm, sondern Pflicht. Wer meint, pausenlos arbeiten zu müssen, vermeidet zu bemerken, wie es ihm bei der Arbeit geht. Wer sich zum pausenlosen Arbeiten drängen lässt, verliert den Respekt vor sich selbst.
Ferien einfordern, sei es, um zu Hause zu entspannen oder abenteuerlich die Ferne zu erkunden, allein oder mit anderen.
Nein sagen, sich abgrenzen, wenn die Gefahr verspürt wird, von einer Idee, einer Aufgabe, einem Patienten zu stark vereinnahmt zu werden.
Enttäuschungen, Kränkungen in der Arbeit erkennen und als belastend empfinden (sich nicht vormachen, alles locker wegzustecken).
Bei Krankheit rechtzeitig zum Arzt gehen und sich – wenn nötig – krankschreiben lassen. **Es ist nicht gesund, nie krank zu sein.**
Regelmäßige **Überprüfung der Verantwortlichkeiten**: Welche Verantwortung kann und will ich tragen, welche könnte und möchte ich abgeben? Würden mich neue Verantwortungen locken?
Berufliche **Aufstiegsmöglichkeiten** prüfen (Unterforderung und zu viel Routine lähmen; lockende Herausforderungen anzunehmen belebt).
Welche **Weiterbildung** oder **Fortbildung** interessiert mich?
Sich für bessere **Arbeitsbedingungen** einsetzen.
Fühle ich mich wohl in meinem **Arbeitsraum**? Möchte ich ihn neu einrichten? Möchte ich einen anderen Raum? ... einen neuen Raumschmuck?

Unberechtigt scheinende **Arbeitsqualifikationen** neu begründen lassen.
Konflikte mit Vorgesetzten ansprechen, sorgfältig, wenn nötig deutlich.
Austausch mit Arbeitskolleginnen und Kollegen pflegen.
Sich in der Arbeit von anderen **helfen lassen** oder dies lernen.
Habe oder finde ich **einen Kollegen oder eine Kollegin, die mir zuhört**, wenn es mir schlecht geht?
Bei **Mitarbeiterkonflikten** diese thematisieren.
Aufmerksam bleiben dafür, wie **Belastungen im privaten Leben** die Arbeitsweise beeinflussen.
PRIVAT
Sich verwöhnen oder öfters verwöhnen lassen, mit wohltuenden sozialen Kontakten, mit Reisen, Abenteuern, Lesen, Musik hören, ins Kino, Konzert oder Theater gehen, Tanzen, Schwimmen, Wandern, Joggen, mit gutem Essen, einem Schluck Wein, allein oder zusammen.
Möchte ich mehr oder andere **Freundschaftskontakte**?
Nutzt mich jemand aus?
Sich im Privaten **helfen lassen** oder dies besser lernen.
Ein altes **Hobby** wieder aufnehmen oder ein neues ausprobieren.
Sich manchmal oder oft nach **Lust und Laune kleiden**, ein gewagtes Kleid anziehen, eine neue Frisur ausprobieren.
Sich **etwas kaufen**, vielleicht sogar etwas Überflüssiges.
Gesund ernähren, wobei mit „gesund“ eher eine Nahrung gemeint ist, die der Therapeut gerne isst und als wohltuend erachtet, als eine, die in Büchern als „gesund“ bezeichnet wird.
Im Privaten **Zärtlichkeit** suchen (zum Geben, zum Empfangen) und auf Art und Maß der gewünschten **sexuellen Aktivität** achten.
Wie ist der **Kontakt** zu den eigenen **Geschwistern** und zu den **Eltern**? Habe ich da Wünsche? Möchte ich etwas verändern?
ALLGEMEIN
Auseinandersetzung wagen: **„Mut tut gut!“** und **„Mut lässt sich üben!“** (vgl. Tewes 2014, 91+93)

Tab. 10: Psychohygiene: Die Sorge um das eigene Wohl

Die größte Hilfe für die Bewältigung der anspruchsvollen Arbeit als Therapeut und Berater bietet eine professionelle Supervision.

> Wenn du gereizt bist, so wirf die Tür hinter dir zu,
> das erweckt allgemein Furcht.
> (Christian Morgenstern)

Wie ist eine Burnout-Gefahr zu erkennen?

Symptome der Gefahr, ein Burnout zu erleiden, sind folgende Anzeichen:
(nach Büttner & Quindel 2013 und Beushausen 2016):

- **Emotionale Erschöpfung**: Unfähigkeit, abschalten zu können, Reizbarkeit, Depressivität
- **Gefühl mangelnder persönlicher Leistungsfähigkeit**: Hilflosigkeit und Resignation
- **Depersonalisierung**: Entfremdung (von sich selbst, dem Patienten), Aggression oder Zynismus gegenüber den Klienten
- **Überidentifikation**: die Arbeit nimmt zu viel Platz im Leben des Helfers ein; die strenge Orientierung nach Idealen lässt das Leben verkümmern
- **Wahrnehmungsselektion**: neben dem eigenen Hilfsangebot werden andere Hilfsmöglichkeiten übersehen oder entwertet
- **Gedankliche Dürre**: die Kreativität verblasst, oft begleitet durch ein Erstarren von Ausdruck in Gestik und Mimik
- **Automatisierter Gefühlsausdruck**: ständig wird Wärme und Zuversicht signalisiert, ohne dass Empathie zu spüren ist; Patienten werden so zu „Fällen“ für standardisierte Problemlösungen

> Zwei Trichter wandeln durch die Nacht
> Durch ihres Rumpfs verengten Schacht
> fließt weißes Mondlicht
> still und heiter
> auf ihren
> Waldweg
> u. s.
> w.
> (Christian Morgenstern)

Intervision und Supervision

Die beiden Fallbesprechungsformen Intervision und Supervision sind hervorragende Lernmodelle, um Wissen und Können in der psychosozialen Beratung zu vertiefen. Die Supervision kann zudem als besonders effektive Methode der therapeutischen Qualitätskontrolle betrachtet werden.

Die **Intervision** oder **Peer-Supervision** ist eine möglichst regelmäßige, vielleicht ein- oder zweimonatlich stattfindende Fallbesprechung unter Berufskollegen (Peers). An jeder Sitzung (mit 3 bis etwa 8 Teilnehmern) wird während etwa zwei Stunden von ein bis drei Teilnehmern je ein „Fall", das heißt, ein Therapieverlauf, der interessante oder beunruhigende offene Fragen provoziert hat, vorgestellt und in der Gruppe diskutiert. Geleitet wird die Gruppe im Turnus von einem Gruppenmitglied; bei erfahrenen Teilnehmern wird manchmal auch auf eine Leitung verzichtet.

Die **Vorteile** der Intervision sind: Sie erlaubt hilfreichen Erfahrungsaustausch, lässt sich leicht organisieren und ist kostengünstig. Ihre **Nachteile**: Die Fallvorstellung wird oft zu „dokumentenlastig" (der Vortragende möchte umfassend informieren) und die Diskussion bleibt manchmal zu sehr auf praktische Aspekte beschränkt (Diagnoseinstrumente, Behandlungstechniken, administrative Hürden), sodass die Therapeut-Patient-Beziehung zu wenig in den Fokus rückt. Zudem besteht bei der Intervision eine gewisse Gefahr, dass sie durch die Dominanz eines besonders aktiven Mitglieds negativ beeinflusst wird.

Die **Supervision** kann als Einzel- oder Gruppensupervision und in der Gruppenform als Fallsupervision, Teamsupervision oder Lehrsupervision konzipiert sein. Sie wird von einem fachkundigen Supervisor mit entsprechender Zusatzausbildung geleitet. Supervisionen mit Therapeuten werden normalerweise von einem Psychotherapeuten oder einer Psychotherapeutin geleitet, da es dabei vorwiegend um Beziehung geht; in Teamsupervisionen um Beziehungen zwischen den Teammitgliedern und in Fallsupervisionen um Beziehungen zwischen Therapeut und Patient. Eine besonders hilfreiche Form der Fallsupervision ist die Balint-Gruppe. Der ungarisch-englische Psychoanalytiker Michael Balint hat die Methode ursprünglich in Fallkonferenzen für Sozialarbeiter verwendet und sie dann später speziell für die Supervision mit Hausärzten weiterentwickelt. Heute wird die Methode Teilnehmern aller sozialen und therapeutischen Berufe angeboten. In der **Balint-Gruppe** werden die Patientengeschichten von je einem

Teilnehmer so erzählt, dass dessen subjektive Erinnerung an die Therapie in den Vordergrund rückt, ohne dass er dauernd Bezug auf objektive Fakten nimmt. So werden die Gruppenmitglieder stimuliert, Assoziationen und emotionale Reaktionen zu entwickeln und mitzuteilen. Durch dieses Vorgehen erklären sich viele Fragen und Konflikte in der Therapie als Dynamik von Übertragung und Gegenübertragung zwischen Patient und Therapeut. Wenn ein Gruppenteilnehmer entdeckt, welches sein eigener Anteil an der Schwierigkeit in der Therapie mit einem bestimmten Patienten ist (warum ihm zum Beispiel ein Patient besonders unsympathisch ist oder ihm irritierend nahe kommt), fördert dies seine emotionale Wahrnehmung und therapeutische Kompetenz. Die Supervision ist auch ein Ort, um die eigenen Grenzen als Therapeut besser kennenzulernen, einige vielleicht zu erweitern und andere zu akzeptieren, um sich vor ungesunden Ansprüchen an sich selbst zu schützen. Relevante Fragen in diesem Zusammenhang sind:

- Inwiefern fühle ich mich verpflichtet, anderen Menschen zu helfen? Hat mich jemand dazu angeleitet oder gedrängt?
- Hat Helfen für mich auch eine Kompensationsfunktion, weil es Nähe vermittelt, die mir fehlt oder früher gefehlt hat?
- Möchte ich allen Menschen helfen?
- Hat mein Verständnis für schwierige Patienten auch Grenzen?
- Fühle ich mich als Helfer manchmal einsam?
- Wie leicht oder schwer fällt es mir, mir helfen zu lassen?

Die **Vorteile** der Supervision: Der einzelne Teilnehmer kann in einem Klima von Offenheit und Akzeptanz nicht nur tiefe Einblicke in die Dynamik zwischen Therapeut und Patient, sondern auch in bisher wenig vertraute Aspekte seiner eigenen Stärken und Schwächen gewinnen. Der **Nachteil**: Die Kosten, die aber in Gruppensupervisionen auf die Gruppenmitglieder aufgeteilt werden können.

Supervision in Form von Lehrsupervision ist ein integraler Bestandteil von ernsthaften Therapieausbildungen. Sie sollte für die gesamte Zeit der Berufstätigkeit als qualitätssichernde Begleitung zur Selbstverständlichkeit werden.

Weiterbildungsmöglichkeiten

An Universitäten und Fachhochschulen in Deutschland, Österreich und der Schweiz werden Ausbildungen in „Psychosozialer Beratung" mit einem **MAS**-Abschluss (Master of Advanced Studies) angeboten, in der Schweiz versehen mit einem eidgenössischen Diplom. Für ausgebildete Gesundheitsfachleute kommt eine volle Zusatzausbildung in psychosozialer Beratung oder Psychotherapie aus Kosten- und Zeitgründen kaum infrage. Für akademisch orientierte Fachpersonen ist der Besuch einzelner Kurse zum selben Thema mit **CAS**-Abschluss (Certificate of Advanced Studies) möglich. Die meisten Fachleute in Logopädie, Physiotherapie, Ergotherapie, Ernährungsberatung und Mütterberatung sind aber auf berufsbegleitende Weiterbildungen mit überschaubarem Zeit- und Kostenaufwand angewiesen. Deshalb sind die hier vermittelten Informationen auf diese Realität abgestimmt. Schritte zum Ausbau der Kenntnisse und Fertigkeiten in psychosozialer Beratung sind – mit aufsteigendem Aufwand:

- **Erkundigen Sie sich bei Kollegen und Kolleginnen** nach deren Bedürfnissen und Erlebnissen in Bezug auf Weiterbildung. Haben diese schon Erfahrungen mit Lerneinheiten in psychosozialer Beratung oder ähnlichen Tätigkeiten gemacht?
- **Lesen Sie** ein, zwei Artikel oder Bücher, die zu den Weiterbildungswünschen Ihrer Beratungstätigkeit passen könnten (siehe Buchempfehlungen).
- Informieren Sie sich, ob **die Institution, in der Sie Ihren Beruf erlernt haben**, eine diesbezügliche Weiterbildung anbietet.
- Fragen Sie sich, **welche Form von Weiterbildung** Sie sich wünschen: Individuelles Lernen oder Gruppenlernen; einen Schnuppertag, einen Wochenendkurs, eine Kurswoche oder Kursblöcke, verteilt über ein Jahr?
- Suchen Sie im **Internet** nach Weiterbildungsmöglichkeiten. Achten Sie dabei darauf, dass Angebote zur Kompetenzerweiterung in psychosozialer Beratung von Fachleuten angeboten werden, die auch psychodynamisch (tiefenpsychologisch) und systemisch (familientherapeutisch) ausgebildet sind. Ein interessantes Angebot an Wochenseminaren, die auf humanistisch-psychologischen Grundsätzen aufgebaut sind, bietet das Ruth-Cohn-Institut (RCI) mit der Methode der Themenzentrierten Interaktion (TZI).
- Suchen Sie **Anschluss an eine Peer-Supervisionsgruppe** (eine Intervision) oder gründen Sie eine.
- Informieren Sie sich über die **Weiterbildungseinheit**, die Sie anspricht, und **melden Sie sich an**.

- Erzählen Sie Ihren Peers von Ihren Kurserfahrungen. Fragen Sie sie, wer Interesse an der **Gründung einer Supervisionsgruppe** hätte.
- Suchen Sie einen **Supervisor oder eine Supervisorin** für Ihre neue Gruppe oder Anschluss an eine schon bestehende. Idealerweise hat der Supervisor eine Doppelausbildung in Ihrem Beruf (Logopädie, Physiotherapie, Ergotherapie) und als Psychotherapeut. Ein Psychotherapeut mit Zusatzausbildung für Supervision oder mit ausreichend Supervisionserfahrung ist ebenfalls empfehlenswert. Bei Berufsleuten, die Supervision als Hauptausbildung angeben, zum Beispiel basierend auf einem MAS in „Supervision, Coaching und Mediation", ist zu prüfen, ob sie über genügend therapeutische Erfahrung verfügen. Adäquate Erfahrungshintergründe für die Leitung von Supervisionsgruppen sind solche, die aus psychodynamischen, systemischen oder humanistischen Psychotherapien (wie z. B. Psychoanalyse, Gesprächspsychotherapie, Gestalttherapie, Integrative Therapie, Transaktionsanalyse oder Existenzanalyse) stammen.
- **Wenn die Zeit noch nicht reif ist**, setzen Sie Ihr Projekt „Erweiterung der Kompetenz in psychosozialer Beratung" auf Ihre Warteliste. Bewahren Sie aber Ihr Interesse für die Wahrnehmung von psychosozialen Vorgängen in Ihrer Arbeit und in der Arbeit von Berufskolleginnen und -kollegen.

> Sie haben mich nicht nur nicht eingeladen,
> ich habe auch abgesagt.
> (Joachim Ringelnatz)

Selbsttest

Sind Sie eine gute Therapeutin, ein guter Therapeut?

Frage	Ja	ziemlich, manchmal	Nein
Mögen Sie Ihre Patienten?	②	①	⓪
Mögen Ihre Patienten Sie?	②	①	⓪
Können Sie sich auch abgrenzen?	②	①	⓪
Sind Sie als TherapeutIn zuverlässig?	②	①	⓪
Verfügen Sie über Fachkompetenz?	②	①	⓪
Gibt es in Ihrer Arbeit auch lustige Momente?	②	①	⓪
Können Sie über sich selbst lachen?	②	①	⓪
Achten Sie auf regelmäßige Pausen?	②	①	⓪
Können Sie sich entschuldigen?	②	①	⓪
Können Sie sich behaupten?	②	①	⓪
Bemerken Sie es, wenn Sie ausgenutzt werden?	②	①	⓪
Können Sie um Hilfe bitten?	②	①	⓪
Sind Sie Mitglied einer Supervisionsgruppe?	②	①	⓪
Interessiert Sie das Leiden Ihrer Patienten?	②	①	⓪
Haben Sie Freude an Ihrem Beruf?	②	①	⓪
Können Sie Kritik akzeptieren?	②	①	⓪
Misstrauen Sie ab und zu den Lehrbüchern?	②	①	⓪
Summen			
Gesamtsumme			

0-5 Punkte: Ob Sie eine gute Therapeutin, ein guter Therapeut sind, lässt sich aus Ihren Antworten nicht erkennen. Wenn Sie sich aber in Ihrem Beruf zu selten wohlfühlen, denken Sie an einen Berufswechsel, vielleicht mithilfe einer Berufsberatung.

6-32 Punkte: Sie sind eine gute Therapeutin, ein guter Therapeut. Nutzen Sie die Chance, noch besser zu werden und freuen Sie sich darüber, einen Beruf gelernt zu haben, der Ihnen oft Zufriedenheit und anderen Menschen Linderung oder gar Genesung von Leiden bringt.

33-34 Punkte: In Ihrer Eingabe hat sich ein Fehler eingeschlichen: So perfekte Therapeuten gibt es nicht, und wenn es solche gäbe, wären diese schwer erträglich.

Buchempfehlungen

Die folgenden Empfehlungen sind eine subjektive Auswahl, dementsprechend sind die einzelnen Bücher auch so kommentiert.

Beratung in Therapieberufen

Lippka Michael-M. (2015): Leitfaden Kommunikation im therapeutischen Alltag. Physiotherapie, Ergotherapie, Sprachtherapie. 1. Auflage. © Elsevier GmbH, Urban & Fischer, München. 187 Seiten, ca. € 20.
Mit über 60 transkribierten Ausschnitten von Therapeut-Patient-Gesprächen führt dieser Leitfaden auf eine besonders menschliche, ernste und humorvolle Art ins Thema, unter anderem auch mit Beispielen, die von Konflikten zwischen Teammitgliedern und Vorgesetzten handeln. Absolut empfehlenswert!

Tewes Renate (2014): Einfach gesagt. Kommunikation für Physio- und Ergotherapeuten. Springer, Berlin. 147 Seiten, ca. € 10.
Von einer Professorin für Pflegewissenschaften geschriebenes, handliches, sehr praxisbezogenes Büchlein mit vielen Beispielen und einem hilfreichen Stichwortverzeichnis. Es ist eine sinnvolle Ergänzung zum hier vorliegenden Ratgeber.

Beushausen Jürgen (2016): Beratung lernen. Grundlagen psychosozialer Beratung und Sozialtherapie für Studium und Praxis. UTB Barbara Budrich, Opladen. 347 Seiten, ca. € 23.
Eine umfassende Einführung in die psychosoziale Beratung auf der Grundlage von systemischen Ansätzen und der Integrativen Therapie. Der Autor ist Dr. rer. pol. im Fachbereich Sozialwissenschaften und Psychotherapeut. Neben den Grundlagen der psychosozialen Beratung und deren praktischer Umsetzung stellt das Buch auch die Genogrammarbeit vor und beinhaltet zusätzlich viele Übungsvorschläge und 23 kopierbare Arbeitsbögen.

In der Logopädie

Flasher Lydia V. & Fogle, Paul T. (2012): Counseling skills for speech-language pathologists and audiologists. 2nd ed. Delmar, Clifton Park NY. 532 Seiten, ca. € 73.
Ein hervorragendes Buch von einer klinischen Psychologin (Ph.D.) mit 20 Jahren Supervisionserfahrung und einem Logopäden (Ph.D.) mit 40 Jahren Berufserfahrung. Leider ist das Buch nur in Englisch erhältlich. Der Versuch, einen Verlag zu finden, der eine deutsche Übersetzung publizieren würde, war bisher nicht erfolgreich.

Büttner Claudia & Quindel Ralf (2013): Gesprächsführung und Beratung. Praxiswissen Logopädie. Sicherheit und Kompetenz im Therapiegespräch. Springer, Berlin. 212 Seiten, ca. € 35.
Umfassende Beschreibung von Beratungsmöglichkeiten in der Logopädie, im praktischen Teil mit guten Beispielen, über achtzig Tipps und neun Warnungen. Zu viele Botschaften sind nur in Stichworten präsentiert und psychodynamische Aussagen sind nicht immer stimmig. Ausführliches Stichwortverzeichnis.

In der Physiotherapie

Elzer Matthias (Hrsg.) (2009): Kommunikative Kompetenzen in der Physiotherapie. Lehrbuch der Theorie und Praxis verbaler und nonverbaler Interaktion. Huber, Bern. 312 Seiten, ca. € 40.
Zehn Physiotherapeutinnen, eine Pflegefachfrau, eine Psychologin und ein Psychiater präsentieren das Wissen um die Grundlagen und die Praxis der kommunikativen Kompetenzen in der Physiotherapie auf eine übersichtliche Art. Der therapeutischen Beziehung, den Techniken der Gesprächsführung und der Kommunikation mit „schwierigen“ Patienten sowie der Beratung sind je eigene Kapitel gewidmet. Mit umfangreichem Stichwortverzeichnis.

In der Ergotherapie

Walkenhorst Ursula & Ott Ulrike (Hrsg.) (2010): Fallbuch Ergotherapie in der Psychiatrie. Thieme, Stuttgart. 288 Seiten, ca. € 20.
Das Credo der Herausgeber lautet: „Die Möglichkeit, an den Geschichten und Situationen einzelner Personen teilzuhaben und an ihnen professionelles berufliches Handeln zu lernen, stellt didaktisch eine sinnvolle und inhaltsreiche methodische Vorgehensweise dar." Vor diesem Hintergrund bieten sechzehn Fachpersonen der Ergotherapie eine Sammlung von Fallberichten aus der Psychiatrie mit individuellen Aufgaben und Lösungen zur ergotherapeutischen Problemanalyse, Interventionsplanung und Evaluation. Sehr ausführliches Stichwortregister.

In der Ernährungsberatung

Rufener Adrian & Jent Sandra (Hrsg.) (2015): Der Ernährungstherapeutische Prozess. Huber, Bern, 416 Seiten, ca. € 50.
Zehn Ernährungsfachleute präsentieren die moderne Ernährungsberatung, unter anderem mit den Themen „kooperative Beziehungsgestaltung", „ernährungstherapeutische Interventionen" und „Ausbildung von Reflexionskompetenz".

Kommunikation allgemein

Watzlawick Paul, Beavin Janet D. & Jackson Don D. (1974): Menschliche Kommunikation. Formen, Störungen, Paradoxien. 4. Auflage. Huber, Bern. 324 Seiten, ca. € 20.
Das ist das seit vielen Jahren maßgebende Buch zur menschlichen Kommunikation. Mit den Begriffen „Inhalts- und Beziehungsaspekt", „Interpunktion von Ereignisfolgen", „Symmetrische und komplementäre Interaktionen" sowie „Paradoxe Kommunikation" (Doppelbindung) hat das Palo-Alto-Forscherteam neue Ansätze zum Verständnis gesunder und krankmachender Kommunikation erschaffen.

Watzlawick Paul (2005): Wie wirklich ist die Wirklichkeit. Wahn – Täuschung – Verstehen. 10. Auflage. Piper, München, 256 Seiten, ca. € 10.
Dieses faszinierend „verrückte“, aber leicht lesbare, spannende Buch zeigt an vielen Beispielen, wie Kommunikation unsere Wirklichkeitsauffassungen generiert, verwirrt und gelegentlich verdreht. Der Autor wusste schon vor Trumps Zeiten, dass die Bezeichnung unbequemer Nachrichten als „Fake News“ konstruktive Auseinandersetzung zerstört und nur noch das Gesetz der Mächtigen gelten lässt.

Beziehungslernen

Lynch James J. (1979): Das gebrochene Herz. Die medizinische Folge der Einsamkeit. Rowohlt, Reinbek bei Hamburg. 344 Seiten, ca. € 6.
Der Autor, ein Psychologe, hat mit seinen Kollegen über zehn Jahre lang die Wirkung menschlichen Kontakts auf die Herzfunktion untersucht. In vielen Fallberichten beschreibt er die Belastung des Herzens nach Verlust eines geliebten Menschen, aber auch die heilende Wirkung kurzer Berührungen von Herzpatienten: Einfaches Pulsfühlen kann Herzarrhythmien verringern oder sogar unterdrücken. Lynch schreibt: „Wir müssen im ursprünglichen Sinn des Wortes lernen, zusammen zu leben, wenn wir nicht vorzeitig allein sterben wollen.“

Ornish Dean (2001): Die revolutionäre Therapie: Heilen mit Liebe. Krankheiten ohne Medikamente überwinden. 3. Auflage. Goldmann, München. 320 Seiten, ca. € 2.
Der Untertitel kann irreführend sein: Der Autor ist Schulmediziner und verwendet als Kardiologe Medikamente wie seine Kollegen. Aber er berichtet auch, wie Beziehungen, Berührungen und Liebe manchmal heilend wirken. Er schreibt: „In den 50er Jahren entdeckten wir die falsche Ernährung als Risikofaktor, in den 60ern das Rauchen, in den 70ern mangelnde Bewegung, in den 80ern die Gene. ... Mangelnde Liebe ist für mich der Risikofaktor der 90er Jahre.“ Des Autors spätere Ausrichtung auf eine umstrittene Ernährungstherapie für Krebskranke mindert den Wert seines Buches nicht.

Familiendynamik

Richter Horst E. (2000): Eltern, Kind und Neurose. Die Rolle des Kindes in der Familie. 34. Auflage Rowohlt, Reinbek bei Hamburg. 288 Seiten, ca. € 9.
Ein altes Buch (1. Auflage 1963), aber noch genauso gültig und beeindruckend: Die psychodynamische Sicht auf die Entstehung kindlicher Neurosen durch ungelöste neurotische Bindungen der Eltern zu ihren Eltern; eine soziale Vererbung von Unglücklichsein.

Laing Ronald D. (1974): Die Politik der Familie. Kiepenheuer & Witsch, Köln. 176 Seiten, leider nur noch antiquarisch erhältlich: ca. € 2.
Der berühmte „Antipsychiater" – ein unglücklicher Begriff, denn er und seine Kollegen waren psychoanalytisch ausgebildete Psychiater, wandten sich aber in den 70er Jahren gegen die dominierende medikamentöse Therapie der Schizophrenie – stellt die verschlungenen psychosozialen Wege dar, mit denen in kranken Familien Kinder dazu verführt werden, die Pathologie der Familie nicht zu erkennen, damit die brüchige Stabilität der Familie nicht durchbrochen wird.

Halpern Howard M. (2010): Abschied von den Eltern. Eine Anleitung für Erwachsene, die Beziehung zu den Eltern zu normalisieren. 15. Auflage. Iskopress, Salzhausen. 238 Seiten, ca. € 23.
Geeignet für Berater, die auf sanfte, manchmal humorvolle Art besser verstehen lernen wollen, in welchen Bereichen sie von ihren Eltern immer noch abhängig sind, wie sich diese Abhängigkeit auf ihre Beratertätigkeit auswirkt und welche Wege zu einer wohltuenden Distanz und Nähe zu den Eltern führen.

Körper und Zwischenmenschlichkeit in der Forschung

Bauer Joachim (2013): Das Gedächtnis des Körpers: Wie Beziehungen und Lebensstile unsere Gene steuern. Piper, München. 272 Seiten, ca. € 11.
Der Autor, ein Neurobiologe und Psychosomatiker, führt den Leser mit einfachen Worten in das neue Wissen der Epigenetik (der Steuerung genetischer Aktivität durch externe Stimuli) und der Neuroplastizität (der Veränderung von Hirnstrukturen durch Erfahrung) ein. Ihm gelingt es, aufzuzeigen, wie logisch es ist, dass zwischenmenschliche Beziehungen genetische Aktivität und Hirnstrukturen verändern können.

Schatz Gottfried (2008): Jenseits der Gene. Essays über unser Wesen, unsere Welt und unsere Träume. Verlag Neue Zürcher Zeitung, Zürich. 184 Seiten, ca. € 25.
Der Chemiker und Biologe präsentiert dem Leser das Wunder des Lebens, das nicht durch einfache Manipulationen nach Belieben gesteuert werden kann (die Fellfarbe einer Maus wird über die Aktivierung von mindestens 125 Genen gesteuert). Gene steuern nichts. Sie sind nur Baupläne für Proteine. Die Aktivierung und Steuerung der Proteinproduktion (welche Eiweiße wann, wo, zu welchem Ausmaß produziert und wohin sie transportiert werden) verändern sich durch Lernerfahrungen.

Hasler Felix (2012): Neuromythologie. Eine Streitschrift gegen die Deutungsmacht der Hirnforschung. Transcript, Bielefeld. 260 Seiten, ca. € 23.
Selbstverständlich sind bei allen körperlichen, psychischen und intellektuellen Bewegungen korrelierende Vorgänge in der Hirnphysiologie zu finden. Aber diese vorschnell als Ursachen zu interpretieren, wie dies in der evidenzbasierten medizinischen Forschung zunehmend geschieht, ist unwissenschaftlich. Psychosoziale Berater und Beraterinnen dürfen evidenzbasierte Forschungserkenntnisse, so wie sie zurzeit produziert werden, nicht als einzige Wahrheit anerkennen.

Jeder spinnt auf seine Weise –
der eine laut, der andere leise.
(Joachim Ringelnatz)

Literaturverzeichnis

APA (2014): Schmid Tom (2014): Gesundheitsberufe: 40 Prozent zeigen Burnout-Symptome. http://derstandard.at/13898577 25075/Gesundheitsberufe-40-Prozent-mit-Burnout-Symptomen.

Ariza-Montes Antonio, Muniz Noel M., Montero-Simó María J., Araque-Padilla & Rafael A. (2013): Workplace bullying among health workers. Int J Environ Res Public Health 10: 3121-3139.

Bauer Joachim (2013): Das Gedächtnis des Körpers: Wie Beziehungen und Lebensstile unsere Gene steuern. Piper, München.

Becker Silke (2009): Kommunikative Kompetenzen in der Ausbildung und Weiterbildung. In: Elzer Matthias (Hrsg.) (2009): Kommunikative Kompetenzen in der Physiotherapie. Lehrbuch der Theorie und Praxis verbaler und nonverbaler Interaktion. Huber, Bern, S. 29-41.

Beushausen Jürgen (2016): Beratung lernen. Grundlagen psychosozialer Beratung und Sozialtherapie für Studium und Praxis. UTB Barbara Budrich, Opladen.

Borgetto Bernhard & Siegel Achim (2008): Gesellschaftliche Rahmenbedingungen der Ergotherapie, Logopädie und Physiotherapie. Eine Einführung in die sozialwissenschaftlichen Grundlagen des beruflichen Handelns. Huber, Bern.

Büttner Claudia & Quindel Ralf (2013): Gesprächsführung und Beratung. Praxiswissen Logopädie. Sicherheit und Kompetenz im Therapiegespräch. 2. Aufl. Springer, Berlin.

Clausen-Söhngen Mechthild (2005): Beratung in der logopädischen Arbeit: Beratend behandeln – behandelnd beraten. Forum Logopädie 19 (2): 24-27.

Danzon Marc (2009): Burnout in Gesundheitsberufen gefährdet auch die Patienten. http://www.springermedizin.at/artikel/ 14306-burnout-in-gesundheitsberufen-gefaehrdet-auch-die-patienten.

DVE (Hrsg.) (1994): Psychosoziale Behandlungsverfahren in der Ergotherapie: Ein Curriculum für den Fachbereich Psychiatrie / Psychosomatik. Deutscher Verband der Ergotherapeuten. Schulz-Kirchner, Idstein.

Elzer Matthias (Hrsg.) (2009): Kommunikative Kompetenzen in der Physiotherapie. Lehrbuch der Theorie und Praxis verbaler und nonverbaler Interaktion. Huber, Bern.

Flasher Lydia V. & Fogle Paul T. (2012): Counseling skills for speech-language pathologists and audiologists. 2nd ed. Delmar, Clifton Park NY.

Gomez José & Walzik Sebastian (2002): Aktives Zuhören. www.edudoc.ch/static/infopartner/iwp_fs/2004/iwp20_230804.pdf

Halpern Howard M. (2010): Abschied von den Eltern. Eine Anleitung für Erwachsene, die Beziehung zu den Eltern zu normalisieren. 15. Auflage. Iskopress, Salzhausen.

Hasler Felix (2012): Neuromythologie. Eine Streitschrift gegen die Deutungsmacht der Hirnforschung. Transcript, Bielefeld.

Heinrich Herman (1981): Elternberatung und Elternarbeit aus der Sicht des Sprachheillehrers. In: Lotzmann Geert: Elternberatung und Familientherapie bei Sprach-, Sprech- und Hörstörungen. Wilhelm Fink, München, S. 25-36.

Kolster Bernard C., Gesing Verena, Heller Anna & Winkelmann Claudia (Hrsg.) (2016): Handbuch Physiotherapie. KVM, Berlin.

Kriz Jürgen (1994): Können Logopädinnen psychotherapeutisch arbeiten? Ein Gespräch mit dem Osnabrücker Psychologen und Psychotherapeuten Prof. Jürgen Kriz. L.O.G.O.S. Interdisziplinär 2: 132-138.

Laing Ronald D. (1974): Die Politik der Familie. Kiepenheuer & Witsch, Köln.

Leitzmann Claus, Müller Claudia, Michel Petra, Brehme Ute & Laube Heinrich (2003): Ernährung in Prävention und Therapie. Ein Lehrbuch. MVS, Stuttgart.

Lippka Michael-M. (2015): Leitfaden Kommunikation im therapeutischen Alltag. Physiotherapie, Ergotherapie, Sprachtherapie. 1. Auflage. © Elsevier GmbH, Urban & Fischer, München.

Lynch James J. (1979): Das gebrochene Herz. Die medizinische Folge der Einsamkeit. Rowohlt, Reinbek bei Hamburg.

Millard Sharon K. & Cook, Frances M. (2010): Working with young children who stutter: raising our game. Seminars in Speech and Language 31 (4): 250-261.

Norcross John C. & Wampold Bruce E. (2011): Evidence-based therapy relationships: Research Conclusions and clinical practices. Psychotherapy (Chic) 48 (1): 98-102.

Ornish Dean (2001): Die revolutionäre Therapie: Heilen mit Liebe. Krankheiten ohne Medikamente überwinden. 3. Auflage. Goldmann, München.

Plexico Laura W., Manning Walter H. & DiLollo Anthony (2010): Client perceptions of effective and ineffective therapeutic alliances during treatment for stuttering. Journal of Fluency Disorders 35 (4): 333-354.

Richter Horst E. (2000): Eltern, Kind und Neurose. Die Rolle des Kindes in der Familie. 34. Aufl. Rowohlt, Reinbek bei Hamburg.

Rouse, Matthew H. (2012): Looking at – and along – communication disorders. ASHA Leader 17: 44-45.

Rufener Adrian & Jent Sandra (Hrsg.) (2015): Der Ernährungstherapeutische Prozess. Huber, Bern.

Schatz Gottfried (2008): Jenseits der Gene. Essays über unser Wesen, unsere Welt und unsere Träume. Verlag Neue Zürcher Zeitung, Zürich.

Scheepers-Assmus Clara, Steding-Albrecht Ute & Jehn Peter (Hrsg.) (2015): Ergotherapie. Vom Behandeln zum Handeln. Lehrbuch für die praktische und theoretische Ausbildung. 5. Aufl. Thieme, Stuttgart.

Tewes Renate (2014): Einfach gesagt. Kommunikation für Physio- und Ergotherapeuten. Springer, Berlin.

Thomas Michelle L. (2006): The contributing factors in a therapeutic process. Contemp Fam Ther 28: 201-210.

Travis Lee E. (1957): The psychotherapeutical process. In: Travis L. E, Ed.: Handbook of speech pathology. New York: Appleton-Century-Crofts, p. 965-990.

Walkenhorst Ursula & Ott Ulrike (Hrsg.) (2010): Fallbuch Ergotherapie in der Psychiatrie. Thieme, Stuttgart.

Wampold Bruce E., Mondin Gregory W., Moody Marcia, Stich Frederick, Benson Kurt & Ahn, Hyun-nie (1997): A Meta-Analysis of Outcome Studies Comparing Bona Fide Psychotherapies: Empirically, “All Must Have Prizes”. Psychological Bulletin 122 (3): 203-215.

Watzlawick Paul (2005): Wie wirklich ist die Wirklichkeit. Wahn – Täuschung – Verstehen. 10. Auflage. Piper, München.

Watzlawick Paul, Beavin Janet D. & Jackson Don D. (1974): Menschliche Kommunikation. Formen, Störungen, Paradoxien. 4. Aufl. Huber, Bern.

Wolf Katrin (2011): Berufsspezifische Belastungsfaktoren bei Ergotherapeuten. Physiotherapeuten und Logopäden. Et Reha 50 (12): 22-28.

Wolfart Michael (2001): Was verbindet, was trennt Logopädie und Psychotherapie? Forum Logopädie 15: 7-14.

Yaruss J. Scott & Bernstein Ratner Nan B. (2010): Becoming an effective clinician for people who stutter: you can do it! Seminars in Speech and Language 31 (4): 283-285.